De l'autre côté des nuages

De Caldetas à Poitiers, sur les pas de Mercedes,
réfugiée espagnole républicaine

De Magali Cervantès

Récit paru aux éditions l'Appart en 2011

Deuxième édition

Du même auteur :

La soupe aux crocodiles éditeur Bod-Books on Demand 2016

Le cri de l'engoulevent éditeur Bod-Books on Demand 2016

À yayou,

À mon mari Stéphane,

À mes enfants, Rémi, Lluis et Ambre

Qui m'ont permis de prendre le temps que je ne leur
ai pas consacré pour réaliser ce livre

À ma belle-mère Joséphine

Note de l'auteur

La naissance d'un livre.

Sait-on seulement pourquoi on fait les choses ?

Je suis petite fille d'émigrés espagnols. Je n'ai pas connu mes grands-parents paternels qui sont morts avant ma naissance et dont l'histoire ne m'a pas été racontée.

Quand j'ai rencontré yayou et yaya, les grands-parents de mon mari, c'est comme si à travers eux, je récupérais un peu de mon histoire, l'histoire des réfugiés républicains espagnols.

Je trouvais en eux non seulement les grands parents que je n'avais jamais eus, mais plus encore, je faisais la connaissance de gens formidables qui m'ont énormément apporté uniquement par le seul fait d'être là. Rares sont les personnes qui m'ont marquée dans ma vie de par leurs qualités humaines, d'amour, de générosité, d'humilité et de respect, des personnes qui se sont battues pour leurs idées et qui leur ont été fidèles.

Yayou et yaya aimaient énormément la vie, l'humanité et les respectaient.

Lorsque les gens meurent, la guerre n'est pas une absurdité, elle est la seule réponse à la misère et l'humiliation qui ne sont pas supportables.

L'absurdité, c'est que des gens meurent alors que tous les êtres humains pourraient vivre correctement, l'absurdité c'est que certains puissent penser que d'autres ne sont pas des êtres humains et aient un pouvoir sur leur vie et sur leur mort.

Si les gens vivaient correctement et décemment, il n'y aurait plus de guerres.

À la mort de yayou, j'ai écrit. C'était comme un besoin, une façon de le retrouver dans l'écriture, de faire en sorte qu'il ne meure pas tout à fait.

Sa mort a provoqué une naissance, celle d'un livre pour que cela soit moins douloureux, pour lui donner un sens. J'avais perdu un grand-père que j'aimais et admirais énormément. Il fallait que son histoire reste gravée pour ses petits et arrière-petits-enfants. Pour que l'indicible éclate au grand jour.

C'est pourquoi j'ai essayé, à travers le témoignage de Mercedes, d'écrire l'histoire de leur vie, de la guerre civile espagnole puis de leur exil en France, une histoire qui fut difficile à recueillir tant sa souffrance était muette. Il m'a fallu ressentir et comprendre ses silences pour les mettre en mots.

Il ne s'agit pas d'une histoire ancrée dans le passé et la nostalgie, mais résolument optimiste, tournée vers l'avenir, à l'image de LLuis et Mercedes qui ont toujours défendu les valeurs républicaines, humanistes et sociales, l'espoir et la liberté.

J'espère avoir été à la hauteur de cette tâche.

« Il y a des pays où les gens

au creux des lits font des rêves »

Antonio Machado

Ecrire c'est comme entrer en psychanalyse

C'est mettre des mots sur les choses

L'énergie que cela demande remue l'esprit

Mais quand les mots sont mûrs, ils tombent comme des fruits.

Table des matières

Préambule

Yayou est à l'hôpital, il a fait un malaise !

Oh, ce n'était certainement pas grave. Yayou est tellement robuste. À 88 ans, c'est un peu de fatigue. Il faut qu'il se repose, c'est tout.

- Madame, nous le changeons de chambre. Il fait une hémorragie pulmonaire. Vous comprenez, tout peut arriver à tout moment.

- Comment ça ? Il va aller mieux n'est-ce pas ? L'hémorragie va s'arrêter ?

-Madame, nous essayons de vous dire depuis le début de la semaine que l'issue est fatale.

« Tout peut arriver à tout moment ». Ces mots prononcés par l'infirmière résonnaient encore dans ma tête.

Mais, ce n'est pas possible, yayou a survécu à la guerre d'Espagne, à cinq maladies mortelles et à un arrêt cardiaque.

Yayou ne peut pas mourir !

J'attendais Stéphane ce soir-là, pour lui annoncer la nouvelle.

- Ton grand-père va mourir.

Comme, je m'y attendais, il éclata en sanglot. Ce moment tant redouté par lui était arrivé.

Durant le trajet jusqu'à l'hôpital, nous demeurâmes silencieux. Qu'allons-nous lui dire ? De quoi, allons-nous parler, murmurai-je ?

- On n'a pas besoin de parler.

Nous prîmes de longues et profondes inspirations d'air que nous bloquions dans nos poumons, comme pour nous remplir du courage dont nous avions tant besoin, pendant que l'ascenseur nous montait à sa chambre en silence. Aurions-nous la force de maîtriser nos émotions et notre tristesse, le courage de trouver la bonne attitude pour ne pas trahir le souhait de Mercedes, sa femme, qui avait été formelle ? : « Il ne faut pas qu'il sache que c'est la fin ».

C'est alors que nous le vîmes, il avait l'air si fragile, si petit, couché dans son lit d'hôpital.

Il nous prit les mains et les serra fortement et à son regard nous comprîmes qu'il savait. Il nous disait au revoir, mais aussi nous transmettait sa force : « continuez, continuez sans moi et ne vous en faites pas, ça va aller, la vie continue ».

Il avait accepté.

Il était grand.

Il avait été un modèle pour nous tout au long de notre vie, et là encore il nous donnait une leçon de dignité et d'amour.

Il en imposait.

Nous sommes redescendus tout aussi silencieux. Stéphane m'a indiqué un banc devant l'hôpital sur lequel nous nous sommes assis. Je compris qu'il voulait rester dans l'instant, qu'il voulait rester avec lui, encore un peu.

Je compris qu'il était alors incapable de reprendre la voiture.

- Il va te manquer ?

- Je ne peux pas vivre sans lui, tu comprends, j'ai besoin de lui, mon histoire s'arrête avec lui.

- Non, son histoire continue avec toi.

Caldetas / Caldes d'Estrac

En 1928, Mercedes avait cinq ans.

Elle habitait une petite ville catalane au bord de la méditerranée, Caldetas del mar, très prisée par les aristocrates de Barcelone qui venaient y séjourner pendant la période estivale en raison de ses sources d'eau chaude naturelle.

Mercedes était une fille d'ouvrier et faisait partie des « gens du peuple » comme elle aimait le dire avec fierté. Néanmoins, la famille Luesma plutôt modeste n'avait pas à se plaindre, car le père cheminot à la RENFE, ramenait un salaire convenable.

La famille vivait dans une grande maison au bord de la route nationale, une maison entre mer et montagne où pendant les soirées d'été la mère assise sur une chaise en paille devant la porte, écossait les petits pois et haricots du jardin. Elle profitait enfin de la fraîcheur du soir qui arrivait jusqu'à elle, libérant les effluves enivrants des fleurs d'orangers, prisonniers pendant la journée de la chape que formait le soleil de plomb. Peu à peu, le village reprenait vie au rythme des cris joyeux des enfants dont on apprenait le prénom à l'appel de leur mère, des conversations des hommes qui jouaient à la manille devant un verre de vin et des cliquetis des ustensiles de cuisine qui s'échappaient par les fenêtres ouvertes.

Les aristocrates occupaient de splendides maisons au bord de la mer sur el paséo de los ingleses, large promenade bordée de nombreux magasins aux devantures les plus luxueuses les unes que les autres. Mercedes aimait y regarder les vitrines et plus particulièrement celle d'une boutique de jouets ; elle dévorait des yeux une magnifique poupée d'autant plus belle qu'inaccessible, lorsqu'un monsieur élégamment vêtu d'un costume trois-pièces et d'un chapeau s'approcha et lui dit :

- Elle te plait cette poupée ?

Et s'adressant au vendeur, sans attendre sa réponse :

- Monsieur, faites un joli paquet pour cette petite !

Mercedes sentit les larmes lui brûler les yeux, mais pour qui se prenait-il ? pensa-t-elle.

- Je n'en veux pas de votre poupée, je n'en ai pas besoin !

- Mais si, ne crains rien, petite, je connais ton père…

- Peut-être que vous connaissez mon père, mais moi je ne veux pas de votre poupée !

Et sans attendre, elle tourna les talons.

Elle n'avait pas voulu de sa charité. Et la facilité avec laquelle il dépensait son argent comme si ce n'était pas grand-chose, l'écœurait. Lorsqu'elle rentra chez elle un peu plus tard, son père lui dit :

- alors tu n'as pas voulu de cette poupée, ma fille, tu as eu bien fait.

Elle savait que son père n'aurait pas répondu autre chose. Il était un homme droit et compréhensif qu'elle admirait énormément et sur qui elle savait pouvoir compter.

Déjà du haut de ses cinq ans, elle était fière de ce qu'elle était et se méfiait de l'argent et du pouvoir qu'il donnait.

Dans le passé, les estivants fortunés n'avaient-ils pas imposé le nom castillan Caldetas del mar à son village, n'avaient il pas fait disparaitre le nom catalan et officiel Caldes d'Estrac ? Son grand-père lui en avait maintes fois raconté l'histoire.

L'été lorsque les plages étaient pleines à craquer, on pouvait lire dans les journaux de Barcelone de l'époque, des articles qui louaient les vertus et les qualités des eaux thermales de Caldetas, attirant ainsi de plus en plus d'estivants soucieux de leur santé. De grands hôtels, restaurants luxueux et casino poussèrent comme des champignons pour y accueillir les curistes.

Si quelqu'un alors parlait de Caldes d'Estrac, on s'empressait de préciser Caldetas comme un éclaircissement.

La haute société de Barcelone lança donc la mode d'employer le nom castillanisé Caldetas qu'elle considérait comme moins rupestre et villageois. Les estivants qui considéraient que parler castillan était un signe aristocratique ne se mêlaient pas aux villageois qui continuaient à défendre avec acharnement le nom catalan de leur village.

La mairie prit alors comme prétexte que l'emploi des deux noms occasionnait de nombreuses confusions comme les erreurs d'acheminement du courrier, de factures et de malentendus, pour remplacer officiellement le nom actuel par celui de Caldetas en juillet 1920.

Au lieu de lutter pour la défense du nom authentique, la mairie avait pris le parti d'employer le nom le plus utilisé, plongeant le village dans des affrontements houleux entre les villageois qui défendaient leurs traditions catalanes que l'on appelait les séparatistes et les estivants appelés espagnolistes qui en dépit de la courte période à laquelle ils y séjournaient, avaient imposé le nom qui leur paraissait mieux correspondre à leur rang.

Les estivants n'étaient pas du même monde et ils y tenaient. Ils étaient bien nés, et pensaient qu'ils avaient acquis dès leur naissance, les qualités d'esprit, de savoir-vivre et de bon goût dues à leur rang.

Ils passaient l'été dans leurs splendides et grandes maisons à trois ou quatre étages qui longeaient la promenade des Anglais, dans lesquelles chaque occupant avait son habitation. Ces belles maisons aux façades blanchies à la chaux, ornementées de mosaïques ou de dentelles contrastaient avec les persiennes colorées et les géraniums en fleurs carmin.

L'été lors des festivités, leurs habitants avaient la meilleure place sur le balcon en fer forgé pour suivre les défilés de chars ou de fanfares dans la rue en contrebas. On y apercevait les femmes qui agitaient leurs éventails devant leur visage en soupirant de chaleur.

Leurs enfants occupaient le dernier étage, derrière les fenêtres à l'architecture mauresque où arrivait la pointe du bougainvillier qui courait sur la façade atteignant presque la terrasse sur le toit.

De l'autre côté de l'avenue se trouvaient leurs jardins privatifs avec accès direct à la mer.

Bien évidemment, cette partie de plage n'était plus autorisée aux enfants du village qui ne pouvaient s'y promener ou s'y baigner sans être chassés violemment comme des malpropres. Alors ils se révoltaient.

Ils se révoltaient parce qu'on leur avait volé leur morceau de plage. Ils se révoltaient parce que des enfants possédaient des cabanons de plage, de véritables petites maisons conçues spécialement pour eux et parfaitement aménagées avec leurs affaires de bain, au milieu des genets et lauriers roses environnants, juste pour jouer.

Alors, les enfants du village dont Mercedes faisait partie se faufilaient sans bruit, pour répondre à cette indécence, pour combattre cette injustice. Et armés de bâtons, ils tapaient pour détruire ce qui appartenait à leurs « ennemis », ces enfants sérieux dans leurs habits en col blanc impeccablement repassés, aux cheveux gominés avec la raie sur le côté, avec leurs chaussures vernies, leurs bonnes manières et leur air coincé. Ils tapaient, eux qui ne s'embarrassaient pas des convenances, eux qui préféraient courir pieds nus plutôt qu'en espadrilles qui ralentissaient leurs pas. Parce qu'ils étaient libres. Ils tapaient avec leurs bâtons partout où ils pouvaient, arrachaient les portes, la toiture des petites maisons. Ils tapaient contre l'injustice et l'indécence, ils tapaient contre la provocation, ils tapaient pour exprimer leur colère, la peur au ventre mêlée à l'excitation.

Comment pouvaient-ils étaler leurs richesses, leur confort de vie indécent ? Comment des enfants pouvaient-ils avoir de véritables maisons, juste pour jouer en toute insouciance alors qu'eux se préoccupaient au jour le jour de la nourriture qu'ils allaient trouver dans leur assiette ?

Nombreux sont les enfants qui étaient réduits à la mendicité en Espagne lorsqu'ils ne travaillaient pas dans les champs dès l'âge de six ans.

Et ce n'était pas juste.

Les Espagnols vivaient mal. La moitié de la population, soit douze millions de personnes, était illettrée, huit millions vivaient dans la pauvreté, deux millions de paysans n'avaient pas de terre, vingt mille personnes possédaient la moitié de l'Espagne.

Il faut dire que les gouvernements espagnols se succédaient au rythme des coups d'État. La classe politique qui dirigeait le pays était sourde aux revendications des travailleurs. Les conditions de travail difficiles et les salaires injustes firent naître naturellement un mouvement politique ouvrier fort.

L'agriculture, principale activité économique du pays, se trouvait dans une situation désespérée surtout dans le sud où les terres sont arides. Une multitude de journaliers tentait d'y gagner leur vie pour quelques pesetas par jour et le reste de l'année chômaient, attendant dans leurs amples blouses et sandales de chanvre, que les exploitants les recrutent, comme au marché des esclaves.

L'église, le plus gros propriétaire terrien, défendait systématiquement les propriétaires et les aristocrates. L'église était un appareil d'Etat, et le peuple espagnol n'en veut pas.

Caldetas, comme toute ville méditerranéenne, vivait principalement de la pêche. Aux premières heures de la matinée, les pêcheurs s'approchaient lentement du rivage, sous les yeux des villageois qui attendaient pour les aider à atteler les deux bœufs qui tireraient leur barque jusque sur la plage. Les pêcheurs déchargeaient ensuite le produit de leur capture, pendant que les badauds récupéraient les poissons encore frétillants qui sautaient sur le sable. Mercedes, assise un peu à l'écart, attendait que la plage se libère de toute cette agitation pour aller nager. Elle aimait avoir la plage pour elle seule, et se baignait été comme hiver, l'eau n'était jamais très froide à Caldetas.

Chaque jour, dès qu'elle avait un peu de temps libre, le matin avant ou le soir après l'école, elle s'empressait d'aller voir la mer. Elle ne se lassait pas de regarder les reflets changeants à sa surface aux divers moments de la journée jusqu'à ce qu'elle se couvre d'or cuivré à la nuit tombée. Elle s'allongeait alors sur un rocher, fermait les yeux et s'enivrait du parfum iodé et de la douceur de l'air qui balayaient son visage. Elle ne pensait plus à rien et profitait du bien-être présent, rythmé par les vagues qui s'écrasaient sur les rochers, parfois entrecoupé du cri des mouettes ou du sifflet d'un train à vapeur que le vent ramenait jusqu'à elle.

Les habitants du village, ceux qui ne vivaient pas de la pêche, travaillaient dans les usines de textiles, de laine et de coton des villages voisins, tout comme Maria et Luisa les deux grandes sœurs de Mercedes qui avaient commencé à l'âge de treize ans. Les salaires étaient bas, le salaire moyen était d'une à trois pesetas par jour, le kilo de pain valait une peseta. Les conditions de travail étaient difficiles et les ouvriers mécontents.

Barcelone était alors le centre même de l'industrie espagnole. Les travailleurs de Barcelone insatisfaits du régime du roi Alfonso XIII manifestaient par l'intermédiaire de grèves générales. Le comité national des travailleurs qui s'inspirait du syndicalisme français comptait alors plus d'un million d'adhérents parmi les ouvriers de Barcelone et d'Andalousie et pesait lourdement sur les hommes du gouvernement de la couronne.

Les mois d'été, lorsque le soleil s'abattait sur le village blanchi à la chaux accroché à la montagne, brûlant tout sur son passage, la vie ralentissait. Tout était silencieux, pesant, même les bourdonnements d'insectes cessaient. Il n'y avait plus aucun signe de vie. Tous attendaient que l'air devienne enfin respirable, que le soleil se couche pour reprendre leurs activités.

Pourtant les ouvriers continuaient de travailler.

Parfois, Mercedes partait à la rencontre de ses sœurs Maria et Luisa à la pause de midi avec le panier-repas, pour les soulager de cette marche dans la chaleur étouffante. Sur le sentier poussiéreux, la chaleur s'évaporait brouillant le paysage désertique. Seuls quelques figuiers de barbarie dont la verdure persistait semblaient résister dans le paysage jauni par les rayons du soleil.

Mercedes était heureuse. Elle menait une existence confortable avec ses parents, ses trois sœurs et ses deux frères au premier étage d'une grande maison accrochée à la montagne, accessible par un escalier extérieur en pierre débouchant sur une grande terrasse ensoleillée. La longue balustrade sculptée de pylônes de pierre de taille se dressait coiffée de géraniums aux pétales de velours carmin et de fuchsias aux couleurs vives et gaies. Au centre de la terrasse, une table recouverte de la centaine de variétés de cactus que Mercedes collectionnait explosait de vie sous la chaleur que les murs blancs renvoyaient.

Comme il était bon de rentrer se mettre à l'abri de la chaleur, de passer la porte et attendre un instant que ses yeux s'habituent à la pénombre de la maison contrastant avec la lumière éclatante du dehors. Comme il était bon de suivre les odeurs accueillantes d'ail, de poisson et d'huile d'olive la menant à sa mère qui préparait le dîner pour toute sa tribu, le moment où tous se retrouvaient autour de la table pour raconter leur journée.

La mère, petite et corpulente, au visage buriné par le soleil et dégagé par un chignon qui regroupait ses cheveux déjà grisonnants parfumés à l'eau de Cologne, l'accueillit par un tendre sourire. Mercedes l'embrassa, sortit un pichet d'eau fraîche, et tout en avalant une large gorgée laissa errer son regard à travers la pièce, sur les diverses variétés de saucissons et de *sobrasadas* pendus au bout de ficelles, sur les différentes corbeilles en vannerie contenant des amandes et autres condiments puis le laissa s'échapper par la fenêtre, attiré par le jaune des genets qui brillaient de tout leur éclat sur le versant de la montagne.

La maison était décorée sobrement. La cuisine ne contenait qu'une petite table au centre, avec le long du mur, plusieurs feux rougissant à l'approche du charbon. Dans le coin, un placard restait dans l'ombre pour y accueillir les quelques aliments qu'il était possible de mettre en réserve. Une porte menait directement dans la cour accolée à la paroi rocheuse de la montagne, avec au milieu le lavoir où la mère lavait le linge, la vaisselle et les légumes du jardin, et qui servait aussi à conserver les aliments fragiles. Il suffisait alors de monter quelques marches pour entrer dans la serre où son père entreposait les légumes qu'il avait cultivés dans le potager un peu plus haut, sur un autre morceau de montagne.

Au même niveau, sur le côté, rejoignant presque la terrasse, se trouvaient les poules, les clapiers de lapins et les porcs qui dormaient tapis dans l'ombre. Partout où ils pouvaient, dans la terre pauvre et lézardée qui n'était pas cultivée et même sur la roche, de gigantesques figuiers de Barbarie régnaient en maître, parmi les aloès qui dardaient telles des épées leurs longues aiguilles saillantes.

Au dernier étage, une terrasse recouvrait toute la maison pour y accueillir le linge que la mère lessivait dans son lavoir l'été. L'hiver, elle préférait se rendre au lavoir du village qui avait été alimenté par les sources d'eau chaude naturelle à 39°, juste à côté de l'hôtel de ville.

Dans la salle à vivre, les meubles marron foncé impeccablement cirés tranchaient avec la chaux blanche qui recouvrait les murs. Quelques assiettes peintes à la main décoraient le gros buffet en bois imposant. De la mosaïque aux teintes multiples et vives recouvrait le sol, apportant un peu de couleur et de gaieté à l'ensemble des pièces de la maison.

Mercedes et Luisa, les deux plus jeunes de la fratrie, avaient chacune leur chambre meublée d'un petit lit et d'une coiffeuse. Leurs grandes sœurs Maria et Pilar partageaient une chambre plus spacieuse pendant que leurs deux frères aînés José et Angel occupaient l'autre.

Au fond du couloir, deux salons avaient été transformés en vestiaire et en salle de couture où l'une des premières machines à coudre du village faisait la fierté de la mère.

Mercedes aimait suivre la mère et l'aider dans les travaux de la maison. En principe, c'était Pilar qui, après avoir arrêté l'école à l'âge de douze ans, avait choisi de rester à la maison pour s'acquitter des corvées ménagères plutôt que de travailler à l'usine. Elle nourrissait les animaux, cueillait les légumes du jardin, lessivait le linge au lavoir. Pour la mère, gênée par son ventre qui s'arrondissait de jour en jour, c'était une aide appréciable. Elle attendait son septième enfant dont la naissance était prévue le mois prochain.

Pilar était sortie, alors Mercedes s'exécuta lorsqu'elle la mère la pria de rapporter une botte d'oignon qui manquait à son ragoût.

Elle gravit les escaliers quatre à quatre et entra dans la serre où s'entassaient déjà diverses variétés de haricots, pois chiches et lentilles. L'odeur dominante d'ail et d'oignon exacerbée par la chaleur envahit ses narines. Elle plongea à pleines mains dans la panière en bois et se figea soudain lorsqu'elle sentit sur sa peau une chose froide et vivante. Elle poussa un cri d'effroi qui fit surgir sa mère de la cuisine :

- Que pasa ?

Elle n'eut pas besoin d'attendre la réponse de sa fille, une couleuvre gisait parmi les oignons qui avaient volé à travers la pièce, elle se retourna alors vers elle, fâchée par la peur qu'elle venait de lui faire :

- Je t'avais pourtant dit de faire attention. Tu sais bien que l'été les couleuvres tombent de la montagne à la recherche de fraîcheur et d'eau. Lo sabes !

Mercedes qui riait de son aventure et de la peur qu'elle venait de se faire, ramassa les oignons puis fila dans la salle à vivre, ôta le chemin de table au crochet et commença à dresser le couvert.

Comme beaucoup d'enfants de son âge, elle était loin des problèmes de cette Espagne qui pourtant souffrait de la dictature du général Primo de Ribera qui emprisonnait ceux qui protestaient contre sa loi, interdisait les partis politiques et que l'on parle le catalan. Mercedes ne souffrait pas de devoir parler le castillan à l'école, contrairement à ses camarades de classe à qui il avait été imposé et qui, dès qu'ils quittaient l'école, retrouvaient naturellement et avec un vif soulagement leur langue, leur culture et leur identité. Mercedes à la maison parlait le castillan, la langue, que sa mère originaire d'Aragon, avait instaurée, n'éprouvant pas la nécessité d'apprendre le catalan.

Ce soir-là, la mère était souffrante. Il paraît que le petit allait arriver. Mercedes et Luisa se réfugièrent dans leur chambre. La sage-femme du village venait d'arriver et Maria faisait bouillir de l'eau.

Soudain, Luisa entendit un cri étrange :

- Mercé, tu entends, il y a un chat qui crie.

- Je crois que ce cri-là n'est pas celui d'un chat, mais celui d'un bébé.

Montserrat, leur petite sœur, venait de voir le jour.

Le lendemain après la classe, Mercedes fit un saut à la maison pour poser ses affaires d'école. Elle avala à la hâte une gorgée d'eau fraîche. La mère était toujours alitée et Pilar étendait le linge sur la terrasse sur le toit. Elle passa la tête par l'entrebâillement de la porte et cria sans attendre sa réponse :

- Mama, je vais jouer à la gare !

- Oh, un jour tu te feras écraser par un train !

Mercedes coupa à travers la forêt de pinèdes, courut dans les herbes longues et sèches qui lui fouettaient les mollets. La voie ferrée longeait la mer dont elle sentait déjà les effluves se mêlant aux essences de résine qui s'écoulaient des pins. Elle sautait sur le terrain sablonneux pour éviter les chardons et les buissons épineux, elle courait pour rejoindre ses camarades avec qui elle jouerait à poser des pièces de monnaie sur les rails, à attendre que le train passe dessus pour assister à leurs métamorphoses et récupérer des pièces plates comme des galettes qui avaient triplé de volume, dans les cris d'exclamation et les rires.

Ils n'avaient pas d'argent, mais étaient heureux et insouciants loin des préoccupations de leurs parents dont ils étaient témoins certains soirs.

Les années d'illusion

Primo de Ribera venait de démissionner. Le roi tenta alors de gouverner le pays, mais il n'était plus soutenu par la société espagnole.

À l'automne de 1930, trois intellectuels connus formèrent un comité anti monarchiste qui établit un document pour la défense de la République. Ils publièrent la déclaration suivante :

« Un besoin passionné de justice jaillit des entrailles de la nation. Plaçant ses espoirs dans une république, le peuple est déjà dans la rue. Nous aurions voulu faire connaître les désirs du peuple par des moyens légaux, mais cette voie nous a été barrée. Quand nous avons demandé la justice, on nous a refusé la liberté. Quand nous avons demandé la liberté, on nous a offert un parlement croupion analogue à ceux du passé, basé sur des élections frauduleuses convoquées par une dictature, instrument d'un roi qui a déjà violé la constitution. Nous ne recherchons pas une solution extrême, une révolution, mais la misère du peuple nous émeut profondément. La révolution sera toujours un crime ou une folie tant qu'existent la loi et la justice. Mais elle est toujours juste quand domine la tyrannie ».

Le 12 décembre suivant, deux jeunes capitaines se soulevèrent contre le roi sans attendre les directives du comité de travailleurs. Arrêtés alors qu'ils emmenaient leurs hommes vers Zaragoza, les deux chefs furent fusillés pour rébellion. La République avait ses martyrs, le comité républicain fut jugé et ensuite libéré, invoquant que le roi avait violé la constitution.

Devant l'opinion générale, le roi fut dans l'impossibilité de refuser des élections.

Elles eurent lieu le 12 avril 1931.

Dans de nombreux villages, seuls se présentèrent des hommes politiques de la couronne sans concurrents assurant ainsi la victoire à la monarchie, mais dans les grandes villes telles que Barcelone, San Sébastien et Madrid la gauche triompha allègrement.

La République fut proclamée le 14 avril 1931, le roi s'apprêtait à quitter l'Espagne.

Mercedes avait alors huit ans. Son grand-père, fervent républicain, s'était battu toute sa vie pour défendre les valeurs de la République. Il avait vécu la défaite de la première république amèrement et se réjouissait de cette révolution qui avait eu lieu sans une goutte de sang.

La liesse avait secoué la foule, le peuple avait enfin droit à la parole. Les ouvriers ivres de joie déambulaient en chantant dans les rues jusqu'au petit matin, criant jusqu'à en perdre la voix, le mot « libertad », tant leur espoir était immense.

Pour son grand-père, il s'arrêta là. L'émotion était trop forte, il fut terrassé par une crise cardiaque qui l'emporta après avoir connu quelques secondes de ce pour quoi il avait lutté toute sa vie.

Dans le mois qui suivit, le drapeau monarchique rouge et or fut remplacé par le drapeau républicain violet, jaune et rouge. La marche royale fut abandonnée comme hymne national au profit de l'hymne de Riego et de nombreuses rues furent rebaptisées par des noms à consonances républicaines.

Le problème de la catalogne se posa alors puisque la victoire de la gauche avait été plus grande à Barcelone qu'ailleurs. Lorsque les élus apparurent au balcon, non seulement la foule se mit à chanter els ségadors (1), le chant nationaliste catalan, mais aussi réclama une République catalane indépendante.

La République s'attacha alors à redonner aux régions un statut qui leur donnait gouvernement, parlement, administration, justice, budget, culture. Le vieux terme de généralité catalane fut réutilisé.

C'est ainsi que les villageois de Caldetas se rapprochèrent de leur Président pour demander que le nom ancien de Caldes d'Estrac leur soit rendu. Ils écrivirent :

« Le nom de Caldes d'Estrac a vécu 700 ans et a mérité le respect des générations de nos ascendants.

Il est le nom juste, caldes signifiant eau chaude dans le lieu de l'Estrac ».

Après de nombreuses polémiques opposant les deux raisonnements, le nom antique et officiel de Caldes d'Estrac, qui figurait dans tous les papiers depuis des temps immémoriaux, contre celui de Caldetas, plus à la mode et associé à l'existence des eaux thermales que l'on retrouvait dans toutes les publications non catalanes, il fut décidé que soit adoptée la double dénomination, Caldetas et Caldes d'Estrac, argumentant que les deux noms avaient leur raison d'être, l'une traditionnelle et l'autre populaire et que le temps affirmerait l'une ou l'autre dénomination.

L'œuvre scolaire et intellectuelle préoccupait aussi les fondateurs de la République. L'institution libre devint le modèle des universités. Mais l'école primaire fut plus difficile à mettre en place, car il était délicat d'enlever les élèves aux institutions religieuses. Passer d'une église d'ancien régime au système laïque du type français était un grand saut. Les écoles primaires religieuses devaient fermer leur porte en décembre 1933 ainsi que les lycées et universités. Un nombre énorme d'écoles furent construites, le salaire des instituteurs fut augmenté et des écoles itinérantes furent envoyées dans les provinces les plus éloignées. À la fin de 1932, il y avait soixante-dix mille enfants dans les écoles secondaires au lieu de vingt mille, trois ans plus tôt.

L'Espagne devait se libérer d'une église qui tenait le pouvoir absolu depuis le XVe siècle.

La République s'attaqua ensuite à la réforme des problèmes sociaux et à la réforme de la loi agraire.

En Andalucia, les *braceros* (journaliers) se trouvaient dans une situation désespérée et miséreuse. Ils touchaient, en période de saison, un salaire indécent et le reste du temps, chômaient. Il était urgent d'exproprier les propriétés des grands d'Espagne, dont les terres étaient à l'abandon pour les attribuer aux ouvriers agricoles.

Le parti agrairien bien sûr hostile à la loi en faisait traîner l'instauration.

Devant l'athéisme et l'anticléricalisme de la République, les ennemis de la république commencèrent à conspirer.

Le père athée avait autorisé Mercedes à faire sa communion, suivant les traditions catholiques de la mère pour ne pas la décevoir.

Ce jour-là, comme de coutume, le père attendit dehors.

A la seule différence, qu'il pouvait dorénavant attendre dehors, à la terrasse du café d'en face avec quelques habitués qui jouaient aux cartes. Il n'avait plus besoin de se cacher, il n'avait plus besoin de mentir. La République lui apportait la liberté de vivre ses opinions.

Peu de temps après, Mercedes rendit son uniforme d'écolière, un tablier blanc bordé de rouge. Elle avait onze ans et était devenue la plus ancienne des élèves de sa classe. Onze ans c'était l'âge où en Espagne les filles cessaient de fréquenter l'école. Mercedes qui était déjà formée comme une femme et paraissait plus vieille que son âge avait le sentiment de ne plus être à sa place déjà depuis longtemps. Elle décida de ne plus suivre les cours qui se faisaient dorénavant en catalan, et resta à la maison pour aider la mère.

Comme souvent le soir après le dîner, la mère allait se promener avec ses filles dans le parc de Camp pru Bi où les villageois avaient l'habitude de se retrouver. Elles revêtaient leurs épaules d'un châle noir et s'engouffraient dans la nuit fraîche qui commençait à tomber. Elles longeaient ensuite l'allée de platanes, puis passaient devant le kiosque où un groupe de jeunes hommes se réunissait. La transformation de Mercedes n'avait pas échappé à l'œil de sa mère qui ne pouvait s'empêcher de ressentir un sentiment de fierté devant le regard des garçons qui se retournaient sur la silhouette élancée, la taille fine, et le port de tête élégant de sa fille. Elle était fière, mais aussi satisfaite parce qu'elle n'avait aucun doute que sa fille trouverait un mari. Marier leur fille était la préoccupation première des mères du village, leur seule ambition.

La mère ne fut pas surprise de la décision de sa fille d'arrêter l'école. Mercedes ne faisait que suivre l'exemple de ses sœurs et de la majorité des filles du pays. Elle-même n'était pas allée à l'école et ne savait pas lire. L'avenir de sa fille comme l'avenir de toutes les femmes en Espagne était de se trouver un mari et de fonder une famille.

Pour Maria, c'était encore partie remise. À vingt-cinq ans, elle venait de rompre violemment avec son deuxième prétendant en lui lançant sa bague de fiançailles au visage. Maria est exigeante et reproche à son nouveau fiancé de manquer d'imagination puisqu'il ne l'emmenait qu'à la plage où ils n'étaient jamais seuls, le père priant souvent Mercedes ou une de ses sœurs de les chaperonner. Maria, voulait aller au cinéma. Elle disait « le ciné c'est trop cher, le bal c'est trop cher ! J'en ai marre moi de regarder les vagues ! »

Cette nouvelle enchanta Luisa qui voyait la fin du chaperonnage que son père lui imposait et parce qu'elle aussi, en avait assez, d'attendre sur la plage à regarder les vagues.

La mère, elle, se désola.

Mercedes et Pilar aidaient la mère de leur mieux et s'occupaient de Montse. Et quand le travail se faisait trop pesant ou lorsqu'elle s'ennuyait, Mercedes s'échappait pour aller voir la mer :

- mama, je vais nager, je ne rentrerai pas tard !

- Encore ! Mais ce n'est pas possible tu vas finir par te noyer !

Et sans attendre sa réponse, Mercedes traversait la route, puis la voie ferrée où les trains se faisaient rares et coupait à travers la pinède qui arrivait jusque sur le sable, apportant de l'ombre à sa plage, encore sauvage, à l'écart des grands hôtels du bord de mer. Elle préférait le matin lorsque le vent dormait encore et que la mer engourdie comme après une nuit passée, libérait son parfum iodé pur et concentré. Le soleil pâle qui se levait la paraît de reflets argentés, scintillants comme des milliers d'étoiles flottant à sa surface. Elle entra dans l'eau d'une transparence qui la rendait invisible, les sillons de sable ondulés que les vagues avaient dessinés dans la nuit s'effaçant sous ses pas. L'eau fraîche la revitalisait, elle n'entendait que son doux clapotis à chacun de ses mouvements qu'elle essayait de retenir pour ne pas faire de vagues, composant ensemble la mélodie d'un avenir qui était à construire, où tout était à faire, où tout était possible.

Elle se mettait alors sur le dos, offrait son visage au soleil caressant et sentait sourdre en elle ce qui était certainement du bonheur, la joie de se sentir exister. C'était un moment de détente inouï, qui lui appartenait. Elle avait la mer pour elle seule. Elle se sentait minuscule dans cette immensité, mais également immense tant l'émotion d'en faire partie était forte, tout comme la vie dont il fallait profiter, maintenant, tout de suite. Elle avait déjà conscience de sa brièveté de par sa culture athéiste et savait combien il était important de se battre pour être libre, contrairement, à l'église catholique qui prône la misère en promettant le paradis à ceux qui vivent l'enfer ! Quelle escroquerie ! Quelle manipulation de la part des autorités pour que les hommes restent dans leurs conditions miséreuses, résignés, passant à côté de leur vie en n'attendant que sa fin pour en être libérés. Quelle aliénation !

Lorsque le peuple est libre, il n'a pas besoin de Dieu.

Alors soudain, elle se mettait à nager avec un élan et une passion lui faisant réaliser des performances qui auraient pu lui permettre d'en faire son métier.

Plus tard, elle serait championne de natation, disait-elle.

La République représentait pour le peuple et pour elle-même l'espoir d'une vie meilleure où tout allait enfin être possible, où tous seraient libres et heureux, mais qui fut de courte durée, la vie ou plutôt la guerre en avait décidé autrement.

En avril 1933, le gouvernement organisa des élections, pour que la nation puisse se prononcer sur les lois que la constitution de la République avait fait voter.

Outre les lois sur l'enseignement, les ordres religieux, l'agriculture, l'armée et l'autonomie catalane, elle avait été l'auteur d'une loi révolutionnaire sur le divorce, une loi instaurant le mariage civil et d'autres lois concernant le travail forcé avec la fixation du salaire minimum, la journée de huit heures, les contrats de travail, l'assurance accident et maladie, des lois pour les droits de la femme et en l'occurrence le droit de vote qui leur fut enfin accordé.

Un nouveau code pénal avait été créé, rattrapant des dizaines d'années de retard. Le président de la République Azaña voulait « l'égalité des citoyens sans discrimination aucune, axée sur l'instruction et le développement du niveau culturel et la disparition de l'illettrisme qui touchait près de quarante pour cent de la population ».

Il fit l'erreur de violer la constitution et la libre expression en interdisant sous la pression de plusieurs syndicats de gauche, un meeting de droite présidé par Gil Robles.

La droite majoritaire à l'assemblée reprit le pays en l'absence du vote des anarchistes qui s'étaient abstenus à l'élection. Le nouveau gouvernement mit un terme aux réformes réalisées par le gouvernement précédent, annulant le remplacement des écoles religieuses par des écoles laïques, rétablissant le salaire des prêtres, augmentant les loyers et faisant exécuter les expulsions. Mais il prit d'autres mesures qui furent vécues comme de véritables provocations, comme le vote d'une indemnité pour les grands d'Espagne dont moins d'un tiers des terres avait été exproprié, comme la diminution de cinquante pour cent des salaires agricoles et la suspension du statut de la catalogne.

En réaction, des grèves spontanées secouèrent tout le pays. À Valencia et à Zaragoza, des grèves générales durèrent plusieurs semaines. Le parti CEDA (Confederación Española de Derechas Autónomas) qui avait vu le jour après la chute de la monarchie pour la défense des intérêts catholiques sous la république, devint le parti le plus puissant d'Espagne. Son chef, Gil Robles, qui avait rencontré Hitler et se faisait appeler jefe, laissait penser qu'il souhaitait établir une dictature fasciste. Disposant d'une majorité relative, il ne cachait pas ses intentions d'entrer au gouvernement. Une partie de la gauche la CNT (confederación nacional del trabajo) et l'UGT (Unión general de los trabajadores) menaçait de se soulever si la CEDA formait le gouvernement déclarant ne plus répondre de leurs actions à venir.

À Barcelone, le Président Companys proclama l'Etat Catalan de la République Fédérale Espagnole et fut arrêté peu de temps après avec les membres de son gouvernement. L'Espagne se retrouva alors dans un climat révolutionnaire, des grèves et rébellions s'organisèrent dans plusieurs villes, dont Barcelone et Madrid où elles furent rapidement écrasées à l'exception des Asturies.

En septembre et octobre 1934, les mineurs des Asturies, région ouvrière où les socialistes avaient réalisé le meilleur score, se soulevèrent à leur tour.

Pendant cette insurrection appelée la commune espagnole ou la révolution d'octobre, les mineurs attaquèrent des postes de garde civils, des églises, des couvents, des mairies et autres édifices représentatifs, mais l'armée et la Légion étrangère intervinrent et exécutèrent en masse les insurgés, malgré les promesses contraires qui leur avaient été faites.

L'Espagne faisait la connaissance d'un officier espagnol se nommant Francisco Franco Bahamonde.

La mère en visite chez la sienne en Aragon avec Mercedes, vit son séjour écourté par l'arrivée d'Angel qui, craignant qu'elles ne restent bloquées par les émeutes, les avait rejointes pour les ramener à Caldetas.

Les événements en Asturies avaient augmenté l'angoisse, d'un côté de voir en Espagne une révolution bolchevique, de l'autre l'arrivée du fascisme.

La politique de la droite, indifférente à la misère des chômeurs des villes et des campagnes qui sévissait, plongea le pays dans le désastre.

Devant le parti socialiste et son syndicat l'UGT, qui de modérés devinrent révolutionnaires, le président de la République Alcala Zamora préféra dissoudre les cortes (le parlement) plutôt que d'appeler Gil Robles au gouvernement.

No pasarán

Ils ne passeront pas

Mai 1936 vit de nouvelles élections où deux alliances s'affrontèrent, le Front populaire et le Front national.

Le premier comportait des libéraux de la classe moyenne, le parti socialiste, le parti communiste, et plusieurs autres groupes de la classe ouvrière. Le Front national était formé par le CEDA mais aussi de monarchistes de l'ancien régime (les carlistes), du nouveau parti fasciste La Phalange et d'autres partis de la classe moyenne qui comprenaient des gros propriétaires fonciers du sud, l'armée, l'église et la bourgeoisie.

Le Front populaire avait remporté la victoire, les anarchistes n'avaient pas donné de consignes d'abstention et beaucoup allèrent aux urnes.

La foule avait envahi les rues pour crier leur joie et leur espoir, un espoir incommensurable. C'était un monde nouveau qui s'annonçait, un monde auquel le peuple ne croyait plus. C'était la fin de la misère et de l'exploitation par les puissants, c'était la fin de l'injustice et des inégalités. La foule hurlait, la foule criait sa joie, les hommes travailleraient le baume au cœur. L'avenir s'annonçait beau et juste. La foule sait qu'elle va vivre, elle sait qu'elle va profiter.

Elle ne sait pas encore qu'au lieu du paradis, c'est l'enfer qu'elle trouvera.

Le peuple qui vivait dans la misère depuis si longtemps prit l'initiative de mettre en œuvre les réformes sociales promises par el *Frente popular* qui tardaient à venir. Il ne pouvait plus attendre. Il ne voulait pas attendre.

Le président Azaña de nouveau élu, prit un décret d'amnistie pour tous les prisonniers d'octobre 1934 et rétablit le statut de la Catalogne.

Et tirant les leçons de son échec précédent, il s'attaqua aussitôt à la réforme agraire.

Les classes modestes croyaient à un changement de vie.

Les communistes et les anarchistes voulaient « la terre à celui qui la travaille », mais la République voulut que tous les domaines non exploités appartiennent à l'Etat.

Les ouvriers agricoles et surtout les anarchistes qui voulaient être propriétaires de leurs terres pour les exploiter à leur guise, soit individuellement, soit collectivement et surtout sans devoir rendre de comptes à l'Etat, dans certaines régions s'emparèrent des terres.

Les notables, industriels ou paysans aisés qui n'avaient pas confiance dans le régime républicain et qui étaient anticommunistes commencèrent à conspirer.

La droite pour qui la démocratie était intolérable craignait une révolution de gauche.

La gauche, craignait l'instauration d'une dictature fasciste.

Le gouvernement éloigna les hauts responsables de l'armée soupçonnés de complots. Franco fut muté aux Canaries.

Calvo Sotello, leader de la droite menaça le gouvernement contre cet Etat stérile et déclara « Je propose l'Etat intégral. Beaucoup l'appelleront fasciste, mais si l'Etat fasciste c'est la fin des grèves, la fin du désordre, la fin des abus contre la propriété alors je déclare avec fierté que je suis fasciste ».

Trois semaines après, il fut assassiné.

Le coup d'État eu lieu le 17 juillet au Maroc où Franco prit le commandement des troupes de la légion après avoir été conduit des Canaries par un avion militaire loué à son intention par un financier espagnol.

Le gouvernement s'exprima à la radio pour tenter de calmer la population invoquant que la révolte ne se limitait qu'au Maroc et qu'il n'y avait pas lieu de s'inquiéter. Les organisations syndicales qui savaient que le soulèvement gagnerait la métropole réagirent furieusement. La population affolée descendit dans la rue pour réclamer des armes, à cor et à cri, mais le gouvernement avertit que tout individu qui remettrait des armes au peuple serait fusillé.

Pendant toute la nuit, les cafés des villes et les rues furent bondés d'une foule agitée, fébrile qui savait qu'un danger dont ils n'avaient pas encore mesuré l'étendue se préparait.

Des hommes et des femmes qui redoutaient les soulèvements.

Ils eurent lieu dès le lendemain dans diverses villes du continent, auxquels essayaient de s'opposer les travailleurs désarmés. Les soldats entraient dans l'agglomération et passaient par les armes tous les leaders républicains et de gauche en criant le mot d'ordre du complot « *Arriba España* ». Les travailleurs qui n'étaient pas armés ne purent se défendre. Tous ceux qui résistaient furent arrêtés et exécutés. Tous ceux dont on savait avec certitude ou non qu'ils avaient voté pour le Front populaire aux élections de février se trouvaient en danger de mort. La seule force capable de leur résister était les syndicats et les partis de gauche, mais, utiliser cette force correspondait pour le gouvernement, à accepter comme inévitable une révolution de gauche.

C'est ainsi que s'étendit sur l'Espagne un désastre incommensurable. Les riches, les pauvres, les patrons, les ouvriers, les paysans, les prêtres, les religieuses, les femmes, les enfants, personne n'était à l'abri

Les communications étaient difficiles, chaque ville fut livrée à elle-même dans des conditions dramatiques. Le gouvernement qui n'avait rien mis en œuvre pour s'opposer à l'insurrection militaire préféra se rendre plutôt que de voir le peuple prendre le pouvoir. Il donna sa démission.

Mercedes avait alors treize ans. Son père trop âgé ne participa pas aux combats. Ses deux frères qui faisaient leur service militaire se retrouvèrent de fait, enrôlés dans l'armée républicaine tout comme Ramon, le fiancé de Luisa. D'autres n'eurent pas cette possibilité et durent contre leur gré intégrer l'armée de Franco, sous peine de voir leur famille massacrée.

Le père qui était à six mois de la retraite dut annuler ses projets. Alors qu'il était temps pour lui de profiter d'un repos bien mérité, et qu'il venait de s'offrir le voyage dont il avait rêvé toute sa vie, un voyage à Séville avec sa famille, qui lui avait demandé de longs mois d'économies, le peuple montait des barricades avec des sacs de sable.

Le père anxieux ne quittait plus la salle à vivre, l'oreille collée au poste de radio.

Dans les rues, tous étaient à l'écoute de la radio qui diffusait les nouvelles dans les haut-parleurs, lorsqu'à dix heures du soir, Dolorès Ibarurri, députée communiste, dite La Pasionaria, prononça son premier discours :

« Ouvriers, paysans, antifascistes, Espagnols patriotes !

Face au soulèvement militaire fasciste, tous debout ! Défendons la République. … Tout le pays vibre d'indignation devant ces misérables qui veulent plonger l'Espagne démocratique et populaire dans un enfer de terreur et de mort… Femmes héroïques, femmes du peuple, luttez, vous aussi aux côtés des hommes pour défendre la vie et la liberté de vos enfants que le fascisme menace, avec des couteaux de cuisine et de l'eau bouillante »

Et termina par : « mieux vaut mourir debout que vivre à genoux, no pasaràn ! »

Ces deux derniers mots devinrent le grand cri de ralliement de la République.

En deux semaines, cent mille personnes furent tuées. Lorsque le gouvernement fut constitué, il décida de donner des armes au peuple impatient qui s'était déjà armé.

Si certaines régions tombèrent rapidement aux mains des franquistes, d'autres résistèrent et restèrent républicaines.

Dans les premiers mois, le peuple affronta une armée de métier mieux équipée qui comportait les troupes les plus aguerries : les Maures et la légion.

Du côté républicain, des ouvriers, des paysans, des femmes, juste entraînés, à peine armés étaient prêts à mourir pour la République ; ils étaient, comme ils le disaient, les miliciens de la liberté et non des soldats en uniforme. Moscou n'enverra pas de soldats, mais des conseillers militaires. Les communistes recrutèrent les brigades internationales. Des volontaires arrivèrent de toute l'Europe pour venir défendre la révolution. Le soir, ils défilaient sur les Ramblas à Barcelone, dans un uniforme différent, ne parlant pas la même langue, mais tous emplis d'espoir.

La révolution n'est pas seulement l'expression de la colère, mais celle de la bonne humeur provoquée par l'espoir d'une vie meilleure.

La révolution est la seule réponse à l'oppression et la misère.

Pour des millions d'hommes, pour les paysans, pour tous ceux qui ont faim depuis des siècles, pour tous ceux qui n'ont rien, la révolution c'est l'espoir.

Alors ils se mettaient à chanter avec ardeur leur chant révolutionnaire « hijos del pueblo ».

« Fils du peuple, secoue tes chaînes

Ton sort injuste ne peut se prolonger !

Si ta vie est un monde de souffrances inhumaines

Mieux vaut mourir que vivre prisonnier !

Travailleurs !

Votre martyr va finir !

L'oppresseur

doit périr !

Debout peuple loyal !

Vive la révolution sociale ! »

Pour d'autres, c'est la foi.

L'église prit ouvertement parti pour les nationalistes, pour les fascistes qui étaient prêts à mourir au nom du Christ.

Franco déclara à la radio « Nous sommes catholiques, en Espagne on est catholique ou on est rien. »

Le chef de l'action catholique déclara « Croisés d'Espagne, il faut vaincre, vaincre comme ont toujours vaincus les Espagnols, l'épée à la main, l'héroïsme dans le cœur et la prière sur les lèvres. »

L'archevêque de Burgos lors d'une messe dit « vous qui vous donnez le nom de chrétiens ! Pas de pardon pour les destructeurs de l'église et les assassins des saints prêtres. Que leur semence soit écrasée, la mauvaise semence, la semence du démon … »

Franco, chef des nationalistes rebelles espagnols, fut proclamé generalísimo et chef d'État de Burgos. Il prit alors le nom de caudillo en souvenir des chevaliers espagnols qui avaient repoussé les Arabes au moyen âge.

Les républicains semblaient avoir l'avantage jusqu'à ce que les fascistes obtinssent l'aide des pays extérieurs, de l'Allemagne nazie et de l'Italie fasciste qui permit une nette amélioration de leur armement. Les avions italiens se révélèrent décisifs en permettant à Franco et ses troupes implantées en Afrique de franchir le détroit de Gibraltar, jusqu'alors bloqués par la flotte aux mains des communistes.

Alors que les fascistes obtenaient de l'aide des pays frontaliers : du matériel arrivait massivement de l'Italie et de l'Allemagne, deux cent mille légionnaires du Portugal ; les républicains étaient quant à eux, progressivement équipés d'armes françaises, mexicaines et soviétiques dont l'approvisionnement était lent et difficile en raison du blocus maritime des puissances européennes.

C'est ainsi que le 19 juillet 1936, les régiments de Barcelone tentèrent de prendre la ville, mais les ouvriers armés derrière les barricades les repoussèrent vivement. À Madrid, des armes furent finalement distribuées là aussi aux ouvriers, mais elles manquaient de culasse. Les ouvriers prirent cependant l'avantage. Les fascistes venaient d'échouer dans deux points stratégiques, Madrid capitale du gouvernement et Barcelone Généralité de la catalogne où les comités révolutionnaires exerçaient dorénavant le pouvoir exécutif.

Au bout d'une semaine le pays fut coupé en deux zones à peu près égales, d'un côté les nationalistes, de l'autre les républicains qui conservaient les régions les plus riches et industrielles.

Caldetas se retrouva du côté républicain tout comme Barcelone et Madrid. Devant les ouvriers en armes, les patrons s'enfuirent ou rejoignirent le camp nationaliste. La population saisit les entreprises, les paysans collectivisèrent les trois quarts des terres. Les biens de l'église ayant choisi, excepté dans le Pays basque, le camp de Franco, devinrent propriétés du peuple. Certains brûlèrent les églises qui avaient soutenu depuis le début les nationalistes, les registres de police, les titres de propriété. Les journaux titrant « les rouges tortionnaires brûlent les églises, martyrisent les curés » envahirent les kiosques.

Pourtant à Caldetas le peuple avait laissé un mot au curé « va-t'en cette nuit, demain on brûle l'église ».

Dans chaque ville où Franco arrivait, il procédait à l'exécution de ceux dont le nom était inscrit sur les listes remises par les curés.

Les grandes propriétés furent confisquées, les grands hôtels réquisitionnés et transformés en cantines où siégeaient les syndicats. Les couvents devinrent des écoles, des cantines ou des salles de bal. Les cartes syndicales étaient les seuls papiers reconnus. Les loyers furent réduits de moitié. L'activité économique reprit. Après la bataille, les ouvriers des tramways de Barcelone qui avaient collectivisé leur entreprise réparèrent les rails et assurèrent un service normal. Les services comme l'électricité, le gaz fonctionnèrent de nouveau. Les travailleurs collectivisèrent près de soixante-dix pour cent des entreprises catalanes comme les industries, le commerce, effectuant la révolution sociale sur le terrain. Certaines entreprises collectivisées choisirent la direction ouvrière tandis que d'autres s'accommodèrent de l'ancienne direction, mais en imposant un contrôle ouvrier.

La production n'était pas affectée au contraire, elle fut relancée par la mobilisation populaire. Désormais, on affectait le salaire en fonction du nombre de personnes par foyer. Une nouvelle structure sociale s'organisa, en supprimant les intermédiaires. Ce qui permit des effets immédiats sur l'économie rurale non plus basée sur une hiérarchie et sur l'exploitation des ouvriers et donc en terme de pouvoir, mais en terme de compétences.

Dorénavant, ni l'économie, ni la culture, ni l'éducation, ni la santé ne seraient réservées à l'usage exclusif de la bourgeoisie.

De grands travaux publics de voirie furent réalisés, des équipages électriques et d'eau furent amenés dans des villages éloignés et isolés.

L'intérêt pour l'instruction et la pédagogie était vif en cette période de guerre. Les anarchistes voulaient encourager la faculté d'indépendance par l'enseignement. La transmission du savoir était un enjeu essentiel de la lutte, il fallait que le peuple prenne conscience des raisons de son asservissement. La culture devait être un moyen pour les travailleurs d'être libre de choisir leur avenir. L'Espagne se dota alors d'écoles, de crèches, d'universités où l'enseignement y était gratuit. On recruta de nouveaux professeurs. L'activité culturelle était intense. Les murs des villes étaient placardés d'affiches des nouveaux spectacles, de réunions politiques, les radios diffusaient des lectures, des poésies. D'innombrables journaux consacraient des pages entières à de grands écrivains. Pour le peuple, c'était un gage d'avenir.

On s'occupa aussi du problème de la médecine et de la discrimination médicale.

La première urgence était de créer une médecine démocratique. On mit en place un service d'assistance, où tous avaient accès aux soins gratuits. Des polycliniques s'installèrent dans les villes importantes.

Ce dimanche matin, Mercedes fut réveillée par les rayons du soleil qui filtraient à travers les persiennes de sa chambre. Les rais de lumière jouaient avec son visage en faisant clignoter ses yeux jusqu'à ce qu'ils s'ouvrent. Elle se leva, remplit la cuvette en terre cuite avec le broc d'eau froide posé sur sa coiffeuse et lava ses mains et son visage. Elle passa ensuite la robe qu'elle avait gardée sur une chaise, chaussa ses espadrilles et se dirigea vers la cuisine qui humait el chocolate (chocolat épais) qui l'attendait sur le fourneau et qui se mélangeait aux odeurs de savon noir. Sa mère toujours levée à l'aurore avait lessivé la cuisine et acheté des ensaimadas au village. Mercedes prit sa viennoiserie préférée à la graisse de porc sur la table et se servit une tasse de chocolat. Que la vie était belle ! Elle laissa errer son regard au-dehors, le soleil grignotait de ses rayons le haut de la roche. Il n'était pas trop tard, elle avait le temps d'aller au village.

Elle emprunta une ruelle blanche et étroite qui menait à la plaza del mercado, passa devant la charcuterie qui dégageait une odeur forte et poivrée devant laquelle une cliente attendait assise sur une chaise que le charcutier finisse d'arroser son jardin pour la servir. Les bruits des maisons dont les fenêtres à cette heure étaient ouvertes parvenaient jusqu'à elle, quelques portes revêtues de moustiquaires au rez-de-chaussée s'ouvraient sur son passage auxquelles Mercedes répondait par un joyeux holà. Des femmes parlaient sur leur balcon d'un côté à l'autre de la rue, d'autres balayaient la poussière devant leur porte, pendant que les vieux, assis sur leur chaise paillée profitaient de la fraîcheur matinale. Mercedes regardait, écoutait, s'enivrait des fragrances de bougainvilliers qui couraient sur les façades blanches, se remplissait des couleurs vives des géraniums qui ornaient les balcons. Elle arriva enfin devant la maison de la Neye, c'est ainsi qu'on appelait cette vieille femme dont les plis du visage creusé par les ans ne laissaient percevoir que deux petits yeux creux et sombres. Elle était assise, vêtue de noir, sur une chaise en paille, le dos courbé sur ses fuseaux. Du bout de ses doigts qui couraient avec une rapidité qui impressionnait Mercedes, sortaient comme par magie des dentelles magnifiques destinées aux mantilles, aux cantaros, et aux nappes qu'elle confectionnait pour les villageois. Autour d'elle, dans le patio, les palmiers et différentes fleurs odorantes et colorées bordant la fontaine en céramique bleue ravissaient le regard. Mercedes se remplissait de toutes ces sensations agréables, de toute cette beauté. Elle lui lança un joyeux buenos días en passant, elle n'avait pas le temps aujourd'hui de s'arrêter.

Lorsqu'elle arriva sur la place du village, les marchands et petits producteurs locaux attendaient le client derrière leur étal coloré de fruits et légumes variés. Les pêches, brugnons, abricots, tomates, pastèques et melons d'eau exhalaient leurs parfums sucrés qui se mêlaient aux odeurs plus fortes des oignons rouges, de l'ail, des piments et du safran et à l'odeur poivrée des différentes variétés de saucissons, salchichas, boudins blancs et noirs, chorizos et sobrasadas qui pendaient au bout de leurs ficelles.

Mercedes passa devant les stands à la recherche de fils, et de laine que la mère lui avait demandé de rapporter pour tricoter comme de nombreuses femmes au village, des chaussettes chaudes pour les miliciens.

Les habitants se retrouvaient sur la place du village pour se détendre et échanger quelques palabres, mais aussi pour y recueillir des nouvelles fraîches de l'extérieur que leur fournissaient les camelots.

Sur tous les visages, on pouvait lire la même interrogation mêlée d'inquiétude et sur toutes les lèvres le même mot :

- Entonces ? (Alors ?)

Mercedes apprit que le peuple dans les grandes villes mourait de faim. Que la place de Barcelone, appelée par les citadins la place à chats en raison des chats maigres de toutes races et de toutes couleurs qui y avaient élu domicile, était désertée de ses hôtes pendant que les citadins servaient pour le dîner du ragoût de lapin.

Mercedes tourna la tête vers la terrasse du café où à l'ombre de quelques orangers, des vieillards habitués buvaient al pojo (une gourde en peau de chèvre et en forme de poire qui permet de boire d'un jet à la régalade), qu'ils faisaient tourner tout en échangeant quelques blagues.

Il y régnait une ambiance bruyante et gaie presque festive rehaussée par les cris insouciants des enfants qui couraient pieds nus autour de la fontaine en s'aspergeant.

Ce climat apparent de légèreté lui fit oublier la guerre quelques instants jusqu'à ce que son regard fût attiré par un groupe d'hommes, vêtus de pantalons et vestes usés, qui parlaient à voix basse, nerveusement, la main devant la bouche, le regard inquiet et furtif. Il fallait se méfier des voisins avec qui on parlait. Il fallait faire attention à ne pas se retrouver sur la liste de ceux dont on dit qu'ils ont levé le poing, de ceux dont on dit qu'ils ont tenu des propos contre Franco ou pour la République, de ceux qui se plaignent de travailler pour un salaire de misère. Sur la liste de ceux qu'on vient chercher en pleine nuit dans leur sommeil et qu'on emmène devant femme et enfants pour les abattre d'un coup de fusil.

On ne pouvait faire confiance à personne.

L'Espagne républicaine était sur ses gardes.

Du côté nationaliste, le style de vie devint militaire. Dans les villes, le portrait de Franco était affiché partout. Les partis politiques furent interdits, les grèves étaient passibles de la peine de mort. Les juges devaient avoir des sympathies pour l'extrême droite et les militaires. Tout déplacement privé par chemin de fer ou par route était interdit. Les femmes revêtaient leurs habits austères, renonçant aux fards et rouges à lèvres, qui, telles de bonnes mères catholiques avaient à charge l'éducation des enfants et se voyaient déconseiller le travail hors du foyer. La nouvelle société devait se fonder sur la trinité foyer, école, paroisse.

Au fur et à mesure que les troupes franquistes progressaient, les villages étaient dévastés. Les républicains étaient massacrés, les militants et les sympathisants des organisations et des syndicats de gauche, sur liste établie par les curés, étaient systématiquement arrêtés, emprisonnés ou fusillés.

Suite au ralliement de l'Église catholique et des démocrates-chrétiens aux nationalistes, les religieux participèrent activement à la dénonciation et à la répression des partisans républicains. L'importance des exécutions dépendait du commandant local. Les femmes, sœurs et filles de ceux qu'on exécutait partageaient le même sort. Il arriva que certaines fussent violées. Des victimes furent contraintes de creuser leur propre tombe avant d'être assassinées. Les nationalistes commettaient leur crime au nom du christ. Les curés et les prêtres prônaient l'amour du christ, un fusil à la main.

La presse diffusait la liste des condamnés à être fusillés de manière à dissuader toute résistance au nouveau régime. La terreur était employée pour faire admettre l'ordre nouveau et les corps des victimes étaient exposés à la vue du public pour intimider les rebelles.

Les nationalistes débarquaient dans les maisons la nuit et emmenaient les paysans qui allaient être exécutés laissant femmes et enfants en pleurs.

Personne ne pouvait savoir de quel crime étaient accusés ceux que l'on emmenait, ceux que l'on sortait de leur lit en pleine nuit, que l'on faisait monter dans des camions, par contre, tous savaient qu'ils ne reviendraient pas.

Quant à l'église, tout ce qu'elle demandait était que ceux que l'on tuait puissent avoir la possibilité de se confesser.

L'armée de Franco progressait vers le nord dévastant tout sur son passage. Les troupes marocaines utilisaient toujours le même procédé. Le convoi formé de plusieurs centaines de camions de légionnaires et de Marocains stoppait, attendait que l'aviation bombarde la ville pendant une demi-heure puis livrait l'assaut. Des représailles immédiates avaient lieu s'accompagnant de la réouverture des églises, des baptêmes des enfants nés au cours du dernier mois.

Les républicains sur la défensive résistaient souvent bien. Mais leurs offensives généralement de faible ampleur, étaient rapidement contrées, provoquant des pertes humaines et matérielles importantes.

Un soir alors que la famille Luesma était à table, des coups forts et rapides furent frappés à la porte. Le père se leva en tentant de cacher l'inquiétude qui avait traversé son regard pendant que les femmes attendaient dans la cuisine dans un silence alarmé, le corps et les oreilles tendus, le regard figé.

Lorsqu'elles entendirent le père prononcer le prénom de Lorenzo, puis entre ! Entre ! Que se passe-t-il ? Leurs corps autour de la table comme d'un seul geste se détendirent. La mère se leva à son tour, suivie de ses filles. Les deux frères s'embrassaient dans l'entrée dans une large accolade en se tapotant le dos.

- Je peux rester chez toi ? Je me suis échappé. Les franquistes font la chasse aux rouges. Ils viennent la nuit dans les maisons et emmènent les gens pour les assassiner d'un coup de fusil.

- Bien sûr mon frère ! Tu es ici chez toi.

Lorenzo habitait avec sa femme et ses enfants dans un village du côté franquiste nommé Fuentes del Ebro.

Mercedes se souvint alors de sa tante et de son cousin José qui était un peu plus âgé qu'elle et à qui elle avait rendu visite pendant les dernières vacances.

Lorenzo resta plusieurs mois à la maison. Il aidait les parents du mieux qu'il le pouvait et s'occupait de Montse qui se prit d'affection pour son oncle. Il lui apprit à jouer aux devinettes, aux cartes, et parfois l'emmenait se promener à la plage. Il disait « alors ma petite, tu viens ? »

Montse le suivait partout.

Quelques semaines plus tard, quelqu'un frappa à nouveau à la porte en pleine nuit. Le père se leva, sans allumer, Lorenzo l'avait rejoint.

Mercedes dans son lit, le cœur battant, tendait l'oreille inquiète lorsqu'elle entendit les cris étouffés de Lorenzo qui venait de reconnaître son fils. José ! José, répétait-t-il.

José venait de s'échapper avec un ami, du camion dans lequel les franquistes les avaient embarqués :

- Ils sont arrivés en pleine nuit à la maison. J'ai essayé de m'échapper, mais ils m'ont fait monter dans leur camion.

Mercedes qui était sortie de son lit pour mieux écouter ce qui se disait, vit les deux hommes qui se tenaient dans l'entrée, couverts de boue, le visage noir. L'un parlait rapidement, pendant que l'autre écoutait.

- Le camion s'est arrêté et un franquiste est descendu pour pisser. J'ai aussitôt sauté du camion et couru vers le lac. J'ai couru de toutes mes forces. Cet homme qui est maintenant mon ami a eu la même idée que moi. Nous avons plongé dans le lac, et sommes restés sous l'eau toute la nuit. Nous respirions à l'aide d'un roseau que nous avions coupé à chaque extrémité pendant que les franquistes tournaient autour du lac. Nous entendions leurs voix, le bruit de leur pas. Puis nous avons entendu le camion démarrer, mais nous n'avons pas bougé, nous avons attendu encore, au cas où ce serait un piège. Nous avons attendu le lever du jour et quand la campagne est redevenue calme, nous sommes sortis de l'eau et nous sommes venus ici, en zone libre.

- Comment va ta mère ?

- Je ne sais pas. Je n'étais pas à la maison, j'étais chez tante Maria. Elle m'avait assuré que je ne risquais rien chez elle. Qu'elle connaissait les franquistes. J'avais peur de figurer sur la liste de ceux que l'on venait chercher chez eux en plein sommeil, que l'on faisait monter dans un camion et que l'on abattait d'un coup de fusil en pleine campagne. La fille de Maria est chef de la phalange. Tu te rends compte ! Chef de la Phalange ! Alors je l'ai crue lorsqu'elle m'a dit, no te preocupes ! Ne te tracasse pas ! Ils ne te feront rien, ils savent que tu es mon neveu. Elle m'a dit, ne t'inquiète pas mon pauvre Pepe, toi tu passeras au travers. T'as qu'à voir comment je suis passé au travers ! Hijos de puta ! A l'heure qu'il est, je serai mort !

Mercedes se souvint de la tante Maria, qui chaque fois qu'elle leur rendait visite avec sa famille, leur disait dans un large sourire « alors les séparatistes ! Comment ça va en Catalogne ? »

José et son ami restèrent plusieurs semaines puis partir rejoindre l'armée républicaine à Barcelone.

La guerre prit alors un tour défavorable pour les républicains qui manquaient non seulement d'appui matériel, mais également d'organisation. L'armée populaire créée de toute pièce, basée sur l'idée d'une défense populaire assurée par chaque citoyen, sans commandement centralisé et qui n'obéissait pas au gouvernement, l'armée populaire munie de fusils de chasse et de fourches se défendait avec acharnement, se battait courageusement en attendant l'aide des pays frontaliers, contre une armée de métier équipée de chars, d'avions, et d'armes derniers cris fournis par Mussolini et Hitler. Chaque fusil cassé, chaque avion perdu pour les républicains n'étaient pas remplacés alors que l'armée de Franco recevait en masse du matériel militaire italien et allemand.

L'armée de Franco qui progressait dans le nord se rendit maître de toute la côte atlantique.

Certains Basques acculés passèrent en France puis revinrent se battre en catalogne qui était encore libre.

L'Espagne républicaine à bout de souffle qui attendait l'aide des pays frontaliers lança un ultime appel au secours à la France :

« Travailleurs et anti fascistes de tous pays ! Nous, travailleurs espagnols, nous sommes pauvres, mais nous poursuivons un noble idéal. Notre lutte est votre lutte. Notre victoire est la victoire de la liberté. Nous sommes l'avant-garde du prolétariat international dans la lutte contre le fascisme.

Hommes et femmes de tous les pays ! Venez à notre aide ! Des armes pour l'Espagne ! »

En vain.

La France, sous la pression de l'Angleterre qui, pour ne pas soutenir un pays en pleine révolution communiste, signa le pacte de non-intervention qui interdisait l'aide militaire aux républicains. Les frontières se fermèrent. Tout était fait pour éviter un conflit avec les puissances totalitaires, on pensait qu'en étant conciliant avec l'Allemagne on éviterait la guerre mondiale.

Pourtant dans le camp républicain, les ouvriers, les combattants et les syndicalistes savaient qu'il ne s'agissait pas d'un conflit uniquement espagnol, mais qui s'étendrait à l'Europe, s'ils perdaient la guerre.

Le pacte de non-intervention fut signé par la totalité des pays européens. Chaque pays s'engagea à empêcher la livraison d'armes aux républicains espagnols. Pourtant l'Allemagne nazie et l'Italie fasciste continuèrent à livrer en masse des armes à l'armée de Franco.

Mercedes suivait avec angoisse tous ces événements dans le journal local el diluvio. Les républicains venaient de remporter la victoire à Guadalajara contre les troupes italiennes.

Mussolini avait déclaré : « tous les Italiens qui ne rentreront pas vainqueurs seront fusillés » et Mercedes sentit un frisson lui parcourir le dos.

Elle essayait d'oublier la guerre et y arrivait parfois. Pour ne plus penser aux restrictions, aux coupures de courant dans la journée, à l'absence de ses frères dont elle n'avait pas de nouvelles, elle allait au cinéma avec Luisa, mais les glands grillés qu'on distribuait à l'entracte et qui avaient remplacé les noisettes en cette période de pénurie la ramenaient brutalement à la réalité.

Tout comme ce jour où avec Luisa, elle avait décidé de passer la journée à la plage d'Arenys un village voisin. Elles étaient parties à pied avec un panier rempli de pan tostado con tomate, le fameux pain grillé, frotté à l'ail, recouvert d'huile d'olive et d'un peu de sel, qu'elles goutaient souvent à quatre heures. Elles s'installèrent tranquillement sur le sable tiède, la mer immobile et déserte paraissait les attendre, le soleil chaleureux et doux dans un ciel bleu azur sans nuages semblait les protéger de ses longs rais de lumière, la journée s'annonçait bonne en perspective.

Non loin du rivage, Mercedes vit le Baléares, bateau des républicains, accosté au large de la crique.

Les deux sœurs se rendirent sur le pont pour l'admirer de plus près lorsqu'un bruit assourdissant déchira l'air. Mercedes lança un regard empli de stupeur à Luisa, essayant d'y lire une réponse, mais en vain, elle n'y vit que du désarroi. Lorsqu'il se mit à pleuvoir du sable dans une mer devenue hostile se déchaînant sous une tempête de ciel bleu, elles comprirent que le bateau qui bombardait le pont et qu'elles avaient pris pour le Baléares était en réalité son jumeau le Canarias, bateau des franquistes.

Le sang ne fit qu'un tour dans leur corps. Mercedes et Luisa comme dans un seul geste coururent de toutes leurs forces. Il semblait à Mercedes que ses jambes ne la tenaient plus, elle tomba sous le coup d'une nouvelle explosion, se releva avec l'aide de Luisa et parvint enfin à se réfugier sur le versant de la colline, à l'abri des pins. Elle ne savait pas si elle allait mourir sous l'explosion de son cœur qui tambourinait dans sa poitrine ou sous les canonnades de ce bateau, qui à chaque fois provoquaient des jets de sable dont il fallait se protéger. Non, ce n'était pas possible ! Elle n'allait pas mourir maintenant, elle avait tant de choses à faire, tant de choses à vivre ! Mercedes prit alors conscience que c'était la guerre, et qu'elle aimait la vie.

Lorsqu'elle se retrouva saine et sauve avec sa sœur dans la pinède, elle s'arrêta un instant pour reprendre son souffle. Son cœur battait sous ses tempes, il lui semblait que sa tête allait aussi exploser tant le bruit était assourdissant. Elle attendit que le tumulte de son corps s'apaise, que sa respiration se calme puis les deux sœurs blotties l'une contre l'autre, empruntèrent un sentier de chèvre qui faisait le tour de la colline, n'osant plus s'approcher du rivage pour rejoindre Caldes d'Estrac,

Elles se réfugièrent à la maison. Mais pour combien de temps encore y seront-elles en sécurité ?

Après avoir repris ses esprits, Mercedes sortit à l'arrière de la maison, gravit les escaliers qui menaient au jardin potager où le père pratiquait la culture en espalier, sur le versant de la montagne. La tramontane s'était levée et courait dans les herbes sèches, le soleil à l'horizon s'éteignait doucement cédant la place à de gros nuages gris, le ciel se faisait menaçant. Au sommet, les oiseaux volaient bas rasant presque le sol, elle s'assit au pied d'un citronnier autour duquel son père avait creusé un trou pour y recueillir la pluie et contempla le ciel, elle aimait ce moment de calme précédant la tempête.

Elle revivait dans sa mémoire les derniers évènements de la journée en frottant machinalement les blessures que la course folle dans la pinède avait laissées sur son corps. Elle arracha une feuille d'aloès et en pressa le jus visqueux et curatif sur ses plaies quand soudain, la pluie se mit à tomber, décollant la poussière et la terre, ramenant à elle cette odeur si particulière des pluies d'été. La pluie rafraîchissait la terre brûlante qui n'avait pas le temps de se gorger de cette eau précieuse qui maintenant tombait en trombes. Si seulement, elle avait pu éteindre le feu de cette Espagne devenue folle, pensa-t-elle. Elle se leva pour se mettre à l'abri, mais la pluie dressait devant elle un rideau épais qui l'aveuglait. Elle avançait courbée pour se protéger de cette eau qui lui fouettait le visage, formant à ses pieds un ruisseau boueux qui lui arrivait jusqu'aux genoux, et c'est à tâtons qu'elle atteignit enfin la porte de la maison. Elle regagna sa chambre, ôta sa chemise trempée et remplit la bassine en terre cuite d'eau fraîche pour laver la boue qui avait recouvert ses jambes. Elle s'installa dans son lit avec son livre de chevet préféré les sœurs Brontë qu'elle avait lu déjà plusieurs fois, mais dont les phrases connues et immuables la rassuraient, lui apportant la sécurité que son pays en guerre lui enlevait, tout comme il lui avait pris ses frères dont elle n'avait pas de nouvelles.

La semaine suivante, les deux sœurs qui s'étaient remises de leurs émotions s'apprêtaient à se rendre au bal de Mataró avec Maria et Pilar.

Le père avait récupéré des billets tamponnés, de gens qui revenaient de la foire et qui n'avaient pas l'intention d'y retourner le soir. Ils permettraient à ses filles de rentrer au bal gratuitement. Mercedes se faisait une fête d'aller danser. Depuis le temps qu'elle rêvait de ce moment, le moment où elle pourrait enfin sortir avec ses sœurs. Elles s'habillèrent de leur plus belle robe, se coiffèrent avec soin et attendirent de s'être suffisamment éloignées de la maison pour se maquiller, le père n'autorisant pas ses filles à se présenter fardées devant lui. Mercedes dansa toute la soirée. Elle se laissa emporter par le rythme des tangos et pasodobles, tourna, virevolta à s'en étourdir. Elle était loin des bombes et de la guerre et se dit en elle-même que si elle n'était pas championne de natation, elle serait danseuse professionnelle lorsque les républicains auront gagné.

C'est alors qu'elle sentit une main se poser sur son épaule :

- Papa ne va pas tarder à venir nous chercher. Il faut qu'on aille se démaquiller.

Quelques minutes plus tard, elles se présentaient devant lui, souriantes et heureuses d'avoir passé une bonne soirée. Le père qui n'était pas dupe faisait mine de ne pas voir les traces de maquillage qui persistaient au coin de leurs yeux.

À Caldetas, les magasins étaient vides. L'approvisionnement ne se faisait plus. La terre fertile de Catalogne et son climat agréable qui en faisaient une région riche en vignobles, oliviers et vergers ne permettaient pourtant plus aux villageois de se nourrir.

Le père pour faire face aux restrictions avait loué un champ pour y cultiver des cacahuètes, pensant que l'ignorance des villageois face à une plante qu'ils ne connaissaient pas le mettrait à l'abri des vols. Lorsque la récolte fut à point, il sortit les cacahuètes de terre et en remplit plusieurs paniers qu'il ramena fièrement à la maison. La mère les servait à chaque repas, accompagnées de tortillas, omelettes à la patate, pour changer un peu du quotidien. Mais le reste de la récolte leur fut volé par les ventres affamés qui savent reconnaître la nourriture.

Chacun se débrouillait pour survivre.

La mère après chaque pluie sortait pour ramasser les escargots. Avant la guerre, elle ne choisissait que les gros gris. Aujourd'hui, ils se contenteraient aussi des petits blancs. La mère les faisait griller ainsi sous les cendres chaudes, non vidés, accompagnés d'aïoli. La famille piquait alors à l'intérieur les aiguilles saillantes que le père avait arrachées précautionneusement aux aloès qui poussaient sur le versant de la montagne, puis terminait le repas par des figues de barbarie que le père avait fait tomber à l'aide d'une canne, pour les rouler dans le sable et les débarrasser de leurs milliers d'épines.

Après le dîner, la famille s'installait devant le poste de radio. Chaque soir, les parents s'asseyaient dans leur fauteuil en rotin et se balançaient au rythme des chansons en attendant le début des informations, pendant que les filles discutaient assises par terre en cercle autour du brasero. Dès que la voix du journaliste se faisait entendre, les fauteuils soudainement s'immobilisaient, les filles se redressaient et tendaient les oreilles, tous demeuraient figés dans le silence, le regard grave rivé sur le poste de radio pour ne pas perdre une miette des paroles du journaliste. Ce moment était devenu le plus important de la journée. Le moment où ils étaient reliés avec l'autre bout de l'Espagne, avec les villes voisines et avec les miliciens, les parents avec leurs fils, les sœurs avec leurs frères, Luisa avec Ramon.

La mère écoutait avec inquiétude le détail des combats qui avaient lieu dans les villes qui peu à peu tombaient aux mains des franquistes, essayant de glaner quelques renseignements qui pourraient la rassurer, quant à la situation de ses fils. L'homme à la radio commença à parler d'une voix grave et atone qui n'était pas de bon augure. Il annonça que le moral des miliciens était au plus bas. Il annonça que non seulement ils étaient épuisés physiquement, beaucoup ne pouvaient plus marcher tant leurs pieds étaient blessés par le frottement de leurs espadrilles, mais aussi matériellement par la perte d'avions et d'armes qui n'étaient pas remplacés. La mère se leva en silence, éteignit la radio et quitta la pièce.

Caldetas s'était trouvée préservée jusque-là des bombardements et affrontements parce que de nombreuses ambassades s'étaient établies dans les hôtels laissés à l'abandon par les estivants que Franco ne voulait pas détruire.

Mais pour combien de temps encore ?

L'armée de Franco avançait massacrant les villages sur leur passage et semant la terreur parmi les civiles. Après leur victoire, ils procédaient à des exécutions sommaires, des viols, des décapitations, des éventrations et des mutilations de toutes sortes.

Mercedes craignait de voir un jour arriver l'armée de Franco.

Un soir à la radio, le journaliste commenta la bataille de l'Ebre qui faisait rage.

Les assaillants républicains et les brigades internationales s'étaient jetés dans le fleuve pour rejoindre l'autre rive. Le fleuve était en cru et rendait impossible la traversée des hommes qui se trouvaient emportés par les courants violents. Lorsqu'enfin ils lancèrent l'assaut sur les troupes franquistes, des combats violents eurent lieu jour et nuit dans une région inhospitalière où la canicule de ce mois d'août assoiffait les hommes sur le terrain le jour et les faisait grelotter la nuit. La chaleur et les cadavres en décomposition rendaient l'air irrespirable. Franco envoya alors des renforts aériens importants, les avions italiens et allemands bombardèrent sans répit les tranchées républicaines qui tombèrent les unes après les autres.

Chaque soir la famille Luesma était au rendez-vous pour suivre les informations que le journaliste leur livrait. Les parents, dans leur fauteuil et les filles assises par terre, retenaient leur souffle, dans l'espoir d'entendre de bonnes nouvelles sur la bataille de l'Ebre. Lorenzo qui habituellement écoutait la radio dans un bar du village, était là, debout, le corps raide et le visage crispé.

- Je vais partir leur dit-il. Il faut que je rejoigne ma famille. Je ne peux plus attendre sans savoir.

À la chaleur de l'été succédèrent l'humidité et la boue de ce mois de novembre. Les franquistes poursuivirent l'offensive jusqu'à ce qu'ils parvinssent à la côte coupant ainsi en deux le territoire contrôlé par les républicains. Les pertes furent très importantes dans les deux camps. Les fascistes en profitèrent pour couper totalement en deux la zone républicaine, Madrid était séparé de Barcelone.

Les républicains s'essoufflaient, le moral était au plus bas et sans aide extérieure, ils ne tiendraient plus longtemps. Les brigades internationales furent renvoyées dans leur pays.

La défaite de la bataille de l'Ebre avait signé la fin de la République.

La retirada :
De l'autre côté des nuages

Le vent de cette fin décembre 1938 apporta dans son sillage cette nouvelle glaciale qui tomba comme un couperet : les franquistes étaient au bord de Barcelone.

Les républicains savaient que c'était la fin. Ce n'était plus qu'une question de jours, avant que Barcelone ne tombe.

Les villageois se préparaient au départ. Dans la rue, plusieurs boutiques liquidaient leurs marchandises. Devant les prix si bas, Mercedes s'offrit sa première paire de chaussures à talons.

Lorsqu'elle passa la porte, avec le carton de chaussures dans les mains, elle fut surprise par le silence qui régnait dans la maison. Un silence oppressant, un silence qui n'annonçait rien de bon. Elle se dirigea vers la cuisine, mais l'odeur habituelle du ragoût qui mijote depuis des heures ne vint pas à sa rencontre. Elle balaya la pièce du regard, il n'y avait personne, la mère n'avait rien préparé.

Elle appela « Mama » d'une voix dont elle essayait de maîtriser les tremblements et sortit dans la cour. Elle la trouva en compagnie du père. Il s'apprêtait lui aussi à partir.

Il le disait à la mère, en larmes.

Il avait tout prévu et Mercedes ne s'en était pas aperçue. Il avait entassé des provisions dans le grenier, des fruits et légumes du jardin dont la mère avait fait des bocaux, et deux cochons qu'il avait tués et conditionnés pour que sa famille ne manque de rien. Il avait aussi coupé du bois pour affronter l'hiver qui frappait déjà à la porte. Dans d'autres temps, ce grenier sombre avec sa porte revêtue d'une moustiquaire était un endroit chaud et rassurant, où les pêches et autres fruits du jardin que la mère faisait mariner dans l'eau salée embaumaient la sérénité de son enfance. Aujourd'hui, ce grenier pourtant plein à craquer ne laissait voir que le vide, l'absence de son père. Il se dégageait une odeur de désespoir qui lui piquait les yeux jusqu'aux larmes.

Mercedes n'en avait que faire des provisions et de ne manquer de rien, ce qu'elle voulait c'était son père.

Un bateau l'attendait avec les membres du conseil municipal, qui devait les transporter en France. Il n'avait pas le choix, il figurait forcément sur la liste des hommes à abattre. Au village, tous savaient qu'il avait voté pour le Front populaire, tous savaient qu'en tant qu'adjoint au maire socialiste, il avait fait appliquer les lois de la République, et son athéisme n'était un secret pour personne.

Lui, savait que les représailles seraient fatales. Il devait partir, il devait sauver sa peau, et c'est la mort dans l'âme qu'il décida de laisser sa femme et ses filles.

Elles le regardèrent s'éloigner silencieusement, les bras ballants, en tentant de cacher leur désespoir. C'était la première fois que la mère se retrouvait seule avec ses enfants. Elle qui s'était toujours effacée devant son mari, était aujourd'hui livrée à elle-même, au premier plan, face à des décisions et responsabilités qui l'angoissaient parce qu'elle ne se sentait pas capable de les assumer. Pourtant de nombreuses femmes espagnoles en se mobilisant contre les franquistes et en participant aux combats, virent l'occasion de se libérer de leurs maris machistes qui les avaient reléguées au fond de leur cuisine depuis des siècles. Dans les grandes villes, certaines se mobilisèrent et se regroupèrent en association « mujeres libres ». Beaucoup de femmes comprirent, par la force des choses, qu'elles étaient capables. Capables de se battre, capables de travailler et de gérer. En l'absence des hommes qui étaient au front, elles avaient dû travailler durement dans les champs et dans l'industrie pour les remplacer.

Et ce premier pas vers la liberté ne s'arrêterait pas là. Elles avaient bien l'intention de continuer la lutte pour mettre fin à leur asservissement, elles étaient fermement décidées à avancer et à ne pas perdre ce qu'elles venaient de retrouver : la confiance en leurs capacités.

Il s'agissait du même combat. De la même façon qu'un homme n'est pas inférieur à un autre homme, la femme n'est pas inférieure à l'homme. Elles se libéraient de ce qu'on avait voulu leur faire croire depuis des siècles.

L'action « Mujeres libres » consistait à se battre pour la liberté des deux sexes.

Cette liberté devait passer par l'alphabétisation et l'instruction pour comprendre et mettre des mots sur ce qu'elles vivaient. Peu de femmes savaient lire et écrire et nombreuses sont celles qui vinrent s'inscrire au cours du soir de l'association, avec une soif d'apprendre qui ne devait plus se tarir. Elles eurent ainsi la possibilité de se libérer des tabous religieux et familiaux qui les maintenaient dans la résignation.

Solidaires, elles mirent en place l'avortement libre, la procréation consciente, la liberté sexuelle de la femme, l'union libre, l'égalité des salaires. Certaines avaient choisi de partir au front avec les hommes, les autres étaient restées pour les remplacer dans les travaux de la terre et l'industrie, d'autres avaient joué un rôle important dans la collectivisation puisque ce sont elles qui organisaient les cantines et les garderies.

Pour la mère, ce fut difficile. Comme toutes les femmes, elle devait s'occuper de la protection des enfants, seule.

Le lendemain, une des employées municipales de la mairie de Caldetas fit irruption dans leur maison, complètement affolée et cria à Mercedes :

- Ton père est parti, tout le monde est parti ! Il a fini par partir sans rien dire ! Personne n'a brûlé les papiers ! Vous allez avoir des problèmes lorsqu'ils trouveront votre nom, c'est vous qui allez payer, vous verrez ! Je vous assure que vous en paierez les conséquences !

Puis elle sortit de la maison aussi vite qu'elle y avait fait irruption.

La mère et ses sœurs qui l'avaient rejointe, attirées par les cris, restèrent un moment, immobiles, abasourdies alors que dans leurs têtes les mots que la señora de la mairie venait de leur jeter en pleine face circulaient à vive allure, s'affolaient, s'entrechoquaient.

L'exode avait commencé.

Les miliciens quittaient le pays en traînant derrière eux la population. Ils faisaient des haltes dans les villes qu'ils rencontraient où ils demandaient l'hospitalité pour quelques jours.

Deux d'entre eux s'arrêtèrent à la maison et s'installèrent dans les chambres d'Angel et de José. Ils découvrirent une femme et ses filles affolées et perdues. La mère avait envie de fuir, parce qu'elle avait peur de subir avec ses filles les représailles pour les activités de son mari, mais ne savait pas comment. Un des soldats, Josepe, qui comprit le tourment qu'elle vivait, s'approcha d'elle :

- Vous voulez partir ?

- Oui, mais nous n'avons pas de moyen de transport….

- Moi, je vais vous les donner les moyens. Ne bougez pas, je reviens.

Il revint quelques minutes plus tard avec une carriole tirée par un cheval qui servait à ramasser les ordures ménagères.

- Voilà. Vous ferez le voyage dans le chariot, préparez vos affaires et chargez les dedans.

Elles jetèrent à la hâte dans leurs valises quelques vêtements, dans des sacs les provisions qui leur restaient, choisirent les matelas les moins encombrants et les couvertures les plus chaudes, sans oublier leur album de photos l'unique témoin de leur vie passée. Pour ne pas oublier. Qu'il était difficile de faire le tri ! De quoi auraient-elles besoin ? Elles ne savaient pas ce qui les attendait. Reviendraient-elles un jour ? Reverraient-elles leurs proches, leurs amis ? Elles laissèrent symboliquement les médailles en or de baptême et de communion, représentatives de cette religion qui provoquait aujourd'hui à nouveau la destruction, les massacres et cette guerre qu'il faillait fuir, sans penser à la valeur de cet or qui leur aurait été utile dans leur exil.

La mère avait perdu la foi.

Pour Mercedes, c'était l'aventure, elle ne mesurait pas encore ce que représentait ce départ.

Sa mère par contre, quittait tout ce qu'elle avait connu, quittait sa vie, quittait ses fils qui restaient en Espagne et qu'elle ne reverrait peut-être jamais. Et alors qu'à son âge, elle aurait pu enfin profiter de la tranquillité tant attendue qui suit une vie rude de travail, elle partait vers l'inconnu, l'insécurité où tout serait peut-être à recommencer. À son âge, en aura-t-elle la force ?

Luisa quittait Ramon.

Elles entassèrent leurs affaires sur la carriole et se mirent en route sans jeter un seul regard à la maison pleine de leur vie qu'elles venaient de quitter. Le convoi, qu'elles formaient jusqu'à la frontière, grossissait au fur et à mesure que les gens arrivaient de tous côtés, chargés comme des mulets, portant sur eux tous leurs vêtements, une couverture sur les épaules, silencieux, résignés, le regard ailleurs, certains, une poignée de terre dans la main. Par moment, sa mère fatiguée montait sur la carriole avec la petite Montserrat, le temps de récupérer quelques forces et reprendre cette longue marche de cent seize kilomètres qui les séparait de la frontière. Si le vrombissement inquiétant des avions à chaque fois leur faisait lever la tête, la vue des cadavres qui gisaient sur le bord de la route leur faisait détourner les yeux. Pour certains, le voyage se terminait là.

Le soir épuisé, le convoi s'arrêtait et s'installait comme il pouvait, sur les matelas et les couvertures, pour passer une nouvelle nuit à la belle étoile. Une poignée d'hommes partait à la recherche de branchages secs. Il leur fallait faire du feu pour sécher leurs vêtements trempés. Beaucoup étaient malades, des enfants toussaient à s'en arracher les entrailles, les yeux brillants de fièvre dans les bras de leur mère impuissante. Parfois, ils avaient la chance de trouver une ferme abandonnée par leurs occupants et s'y installaient pour la nuit, à l'abri de la pluie.

Mercedes et sa famille prirent possession d'un coin de la maison et s'affalèrent sur le sol. Elles avaient soif, alors Maria avec un récipient rouillé qu'elle avait trouvé par terre sortit recueillir l'eau légèrement boueuse qui s'écoulait du toit, en but une gorgée et le passa au reste de la famille. Puis elles quittèrent leurs vêtements trempés et les étendirent au-dessus du feu pour qu'ils sèchent pendant la nuit. La mère frictionnait les pieds glacés de la petite Montse pour les réchauffer.

Le lendemain matin après une nuit sans repos, le convoi reprenait la route, péniblement. Il pleuvait toujours. Mercedes ne savait plus depuis combien de temps elle marchait. Trois jours ? Une semaine ? Plus encore ? Parfois, elle attrapait le bras de Maria, de Pilar ou de Luisa sur lequel elle s'appuyait.

Plus elles avançaient, et plus le bord de la route se recouvrait de valises, accessoires de cuisine, matelas, dont les gens se délestaient au fur et à mesure que la fatigue et l'épuisement se faisaient plus pesants.

Mercedes avait mal aux jambes et en bas des reins. Elle ne sentait plus ses pieds.

Elle suivait cette marée humaine qui avançait lentement, péniblement, résignée, abattue et amère, courbant l'échine sous le poids de leurs affaires, sous la pluie, le froid et le vent glacial qui leur transperçaient les os, portant en eux toutes ces années de lutte légitime réduites à néant, tous ces morts pour rien qui y avaient crus, tous ces espoirs d'une vie meilleure envolés. Et c'est trahis et abandonnés par les pays extérieurs qui auraient pu les aider à faire la différence, qu'ils avançaient sans savoir où ni vers quoi les mènerait cette route, sinueuse, monotone, qui n'en finissait pas et qui semblait s'allonger à l'infini à chacun de leurs pas.

Les arbres nus avaient revêtu leur habit de deuil, le ciel gris versait ses larmes sur cette route dont la vie s'écoulait jusqu'à la frontière, laissant derrière elle dans sa lente agonie, un pays exsangue. Elle cala son pas sur celui de la personne devant elle au manteau noir, s'efforçant d'en suivre le rythme, ne plus penser au froid, au sommeil, à la douleur et marcher, marcher, continuer de marcher, surtout ne pas s'arrêter.

Lorsqu'elles arrivèrent enfin à Girona, une ville près de la frontière française, Mercedes se dirigea tout de suite à la gare dans l'espoir d'y trouver son père. Elle savait qu'il avait trop tardé et que le bateau qui l'attendait pour le faire passer en France était parti sans lui. Elle balayait la foule du regard, retenant son souffle comme pour en arrêter le temps : il doit être là, il faut qu'il soit là, se disait-elle intérieurement. Son regard se posait subrepticement sur tous les hommes qui lui ressemblaient puis rebondissait d'une tête à l'autre, d'un manteau gris à l'autre, jusqu'à ce qu'il s'immobilise. Non ce n'était pas son père, ce vieillard assis sur ce banc, la tête dans les mains, le regard figé sur les trains qui démarraient bondés de réfugiés. Il avait l'air si désespéré et tellement vieux ! Le père était partagé entre l'envie de monter dans un de ces trains pour la France, et l'envie de faire demi-tour pour rejoindre sa famille. Comment pouvait-il les laisser alors qu'il pensait que les franquistes s'en prendraient à elles pour avoir été la femme et les filles d'un militant socialiste actif ? Non seulement elles subiraient les conséquences de ses actes, mais il n'était pas sûr de les revoir un jour et cette idée lui était intolérable.

Soudain, il leva la tête et Mercedes croisa son regard dans lequel se lisait un tel désarroi que son cœur se déchira. Lorsqu'il reconnut sa fille, son regard se métamorphosa, « On aurait dit que le soleil devenait plus clair » pensa Mercedes.

- Vous n'êtes que toutes les deux ? demanda-t-il d'une voix cotonneuse comme quelqu'un qui se réveillait subitement après un cauchemar, en découvrant Luisa qui avait suivi Mercedes.

- No, mama está aquí, tout le monde est là.

Mercedes fut bouleversée par l'intensité de la joie et du soulagement que son père avait manifestée en les voyant. Une joie et un soulagement qu'elle n'oubliera jamais.

La famille enfin réunie s'installa dans une petite maison abandonnée au cœur d'un village nommé

Cabanas. Les occupants dans leur fuite avaient emporté toutes leurs affaires, d'autres l'avaient vidée de tout ce qu'elle contenait, mais avaient laissé quelques meubles rudimentaires.

La frontière était fermée, défendue par de longues rangées de Sénégalais, mitraillette à la main. Il fallait attendre. Alors ils attendirent une dizaine de jours, à l'abri du vent et de la pluie glaciale, qu'on ouvre la frontière.

Ils épuisèrent les provisions que la mère avait emportées.

Lorsque Barcelone tomba aux mains des franquistes le 26 janvier, on savait que Madrid ne résisterait pas longtemps. Il était urgent de passer la frontière et les républicains devenaient nerveux. Le père faisait les cent pas, ne pouvant plus cacher l'inquiétude qui le rongeait.

Il retrouva son frère Lorenzo, mais la joie qu'il avait de le revoir se transforma en colère. Lorenzo s'alcoolisait avec des amis pour se tenir chaud et se donner du courage. Ivres du matin au soir, ils chantaient, dansaient et riaient, déambulaient en titubant répétant leur déception, leur amertume et leur dégout.

Le père agacé dit à son frère : arrête de boire ! Tu as vu dans quel état tu es ! Comment vas-tu faire lorsqu'il sera temps de passer la frontière ? Tu as besoin d'être lucide.

Lorenzo poussa un juron et s'éloigna. Il s'éloigna avec ses amis de beuverie assez loin pour que la famille Luesma les perde de vue.

Les autorités françaises tardèrent avant de prendre la décision de sauver de la mort les cinq cent mille réfugiés qui avaient décidé de ne pas vivre à genoux, mais qui ne voulaient pas mourir.

Lorsqu'on leur annonça que la frontière était ouverte et qu'ils pouvaient passer de l'autre côté, la famille Luesma comme tant d'autres se mirent en route rapidement, il ne fallait pas traîner. Ils laissèrent les matelas et toutes leurs affaires, n'emportant que le strict nécessaire, c'est-à-dire presque rien. Ils avaient épuisé toutes les provisions et n'avaient plus rien à manger. Mercedes devait abandonner sa chèvre qui avait suivi le convoi, attachée à la carriole. Elle la laissa à côté du cheval et de la carriole qui servaient à transporter les ordures ménagères sur laquelle était écrit : Caldetas/Caldes d'Estrac. Et ce geste posé déclencha enfin la peine et les larmes trop longtemps refoulées, parce qu'elle laissait ici un peu d'elle-même, au milieu des affaires de tous les réfugiés, au milieu des armes qui avaient fini leur voyage et dont ils n'auraient plus besoin, au milieu des chevaux qui avaient emmené leur cavalier à destination, au milieu des valises trop lourdes que leurs propriétaires ne pouvaient plus porter, et des innombrables objets variés, précieux souvenirs d'une vie que leurs possesseurs s'étaient résolus à abandonner tout comme ils abandonnaient leur terre, leur vie, leurs repères, un peu d'eux-mêmes. Il leur fallait enterrer leurs espoirs, digérer leur défaite. Eux qui s'étaient battus légitimement devaient fuir pour rester en vie. Franco leur avait tout pris. Avec l'aide de l'armée et de l'église, il avait eu le pouvoir de détruire la vie de centaines de milliers de personnes.

Ils traversèrent enfin les Pyrénées dans des camions jusqu'à la frontière où ils restèrent encore trois longs jours à attendre, scrutant cette chaîne montagneuse dont les nuages cachaient la cime, si proche, mais en même temps si lointaine, à attendre de passer de l'autre côté des nuages, où se trouvaient la liberté, la vie, l'avenir.

Par moment, on leur disait qu'ils pouvaient passer que la frontière était ouverte, alors ils se précipitaient et dès qu'ils arrivaient, on leur disait que c'était fermé, qu'ils passeraient plus tard. Chaque jour d'attente faisait monter leur angoisse davantage.

Un avion allemand volait au-dessus de leurs têtes, bientôt suivi par d'autres qui assombrissaient le ciel dans un vacarme oppressant. Mercedes scrutait les nuages sans cesse, elle avait beau se rassurer, essayer de se convaincre qu'ils étaient presque sauvés puisque si proches de la France, que les franquistes n'oseraient pas les bombarder ici, l'angoisse ne la quittait plus.

Pourtant Franco osa, et les bombes qui explosaient de tous côtés continuaient à faire des victimes.

Mercedes et ses sœurs se collaient alors contre la paroi rocheuse de la montagne, se ratatinant sur elles-mêmes comme pour se faire plus petites, minuscules, invisibles. Les bombes tombaient au hasard dans un sifflement effrayant. Et si celle-ci était pour elles ? Terrifiées, elles se collaient un peu plus à la paroi de la montagne jusqu'à s'y fondre, se bouchaient les oreilles pour ne plus entendre les bombes et les cris, elles fermaient les yeux pour ne plus voir l'horreur, pour ne plus voir la guerre.

Le soir, exténuée, la famille s'apprêtait à passer une nouvelle nuit à la belle étoile sous les bombardements, dans le froid glacial qui la tenait éveillée toute la nuit, attendant que le jour se lève, en espérant que ce serait le dernier ici, que demain elle serait libre, de l'autre côté des nuages, en France. Mais une nouvelle nuit arrivait, tout aussi hostile, tout aussi glaciale. Ils s'allongeaient alors sur le tapis d'aiguilles que formait la terre dure et gelée, se recroquevillaient les uns contre les autres pour se défendre du froid qui mordait leurs chairs, traversait leur corps, brûlait leurs dernières forces, les laissant engourdis, paralysés à la lumière blafarde du petit jour.

Il fallait se battre contre ce nouvel ennemi invisible, sans pitié, résister à sa torture sous laquelle quelques réfugiés paniqués, transits de froid et épuisés se trouvèrent désarmés. Ils capitulèrent en tournant le dos à la liberté avant d'y laisser leur peau.

Une mère qui hurlait devant son impuissance à sauver son nourrisson atteint de pneumonie finit par faire demi-tour pour trouver un médecin.

Le père chercha son frère Lorenzo. En vain.

A la frontière, les soldats séparaient les femmes, les enfants et les hommes âgés qui devaient passer d'un côté, pendant que les hommes plus jeunes devaient passer de l'autre, après s'être délestés de leurs armes qui s'amoncelaient sur le bas-côté.

La mère se retrouva séparée de son mari et les filles de leur père, violemment et sans ménagement. Il sembla alors à Mercedes que ces hommes prenaient un air de supériorité quand ils leur criaient :

- Allez, allez, les enfants et les femmes de ce côté !

- Allez, allez, les hommes par-là !

Un homme arracha Montse des bras de son père.

- Allez, allez, de ce côté. Dit-il en poussant la petite qui hurlait.

- Va voir mama, disait le père.

Montse inconsolable hurlait en regardant son père comme si on venait de lui arracher un bras.

À ce moment-là, un soldat sénégalais s'approcha de Mercedes et lui donna une boite de lait concentré sucré. Elle courut vers son père :

- Tenez papa, prenez ! Vous en aurez besoin sûrement plus que nous.

Il garda la boite, et serra sa fille dans ses bras. Mais déjà les soldats les séparaient et poussaient son père vers l'avant d'une façon abrupte :

- Allez, allez, avancez.

- Papa !

- Je vous retrouverai, où que vous soyez, je vous retrouverai.

Mercedes recula et regarda son père s'éloigner doucement dans la file avec son petit sac dérisoire sur le dos qui contenait toute sa vie. Soudain, il s'arrêta, se retourna, regarda sa fille avec insistance comme pour photographier et emporter avec lui une dernière image, lui adressa un sourire qui se voulait rassurant mais que son cœur meurtri trahissait. Un soldat le rappela à l'ordre et le poussa en avant dans la file.

Mercedes rejoignit sa mère et ses sœurs, le cœur gros, gorgé de larmes. Pourquoi les séparait-on de force ?

On les traitait comme du bétail, comme des suspects alors qu'ils étaient des républicains qui avaient combattu pendant des années pour la défense de la République légalement instaurée. Et en plus ces soldats sénégalais lui rappelaient l'armée maure de Franco. Elle sentit en elle un malaise indéfinissable.

Le pain amer de l'exil

Les femmes avancèrent sur le quai et les soldats les firent monter dans un train. La mère monta avec ses filles dans le dernier wagon plein à craquer, Mercedes s'installa sur une banquette en bois, à côté d'une femme qui berçait son enfant fiévreux pour tenter de calmer ses quintes de toux. De temps en temps, la femme levait un regard désemparé et impuissant vers la mère assise en face.

Les femmes attendirent patiemment et en silence, dans le froid et la faim, que le train démarre, qu'il les emporte loin, vers la paix et la sécurité, mais le train demeurait désespérément immobile.

Les toilettes dans le Wagon dégageaient une odeur tellement insupportable, que Mercedes tenta de descendre du train pour se soulager à l'extérieur. Je trouverai bien un petit coin dans la nature qui fera l'affaire pensa-t-elle, mais les soldats ne l'y autorisèrent pas.

Elle comprit alors qu'elles étaient prisonnières des soldats, qui une arme à la main, attendaient devant chaque porte, pour qu'elles ne puissent pas sortir. Elle ressentit une inquiétude immense l'envahir.

Dans les wagons à côté, les enfants pleuraient. La mère, elle, n'avait pas bougé, elle semblait figée dans le silence.

Elles avaient faim et les militaires sur le quai leur passaient par les fenêtres des tartines de pain recouvertes de sardine à l'huile. Certaines femmes s'impatientaient : cela fait trois jours que nous attendons ! Pourquoi le train ne démarre-t-il pas ? Que pasa ? Hay une problema ? Que manigancent-ils ?

On n'allait tout de même pas les renvoyer en Espagne ?

Une femme venait de prononcer ce à quoi elles avaient toutes pensé, ce que chacune avait refoulé comme une idée inimaginable, une idée impensable, une idée qu'elles n'avaient pas osé dire pour ne pas lui donner vie, pour ne pas la laisser grandir.

On ne leur disait jamais rien. Elles ne savaient rien. L'attente était interminable.

Lorsqu'enfin le train s'ébranla, des cris fusèrent, pendant que les visages des femmes se vidaient de leur sang. Parce que le train reculait ! Parce que le train faisait marche arrière ! Le train les ramenait en Espagne!

Hijos de puta que nos mandan otra vez en España !

La phrase avait fusé, violente, invraisemblable.

Certaines femmes se levèrent affolées. Il faut descendre ! criaient-elles, ils nous renvoient en Espagne !

A bord du train, c'était la panique, d'autres avaient déjà sauté par les fenêtres.

Mercedes sentit son corps se glacer d'un seul coup et son cœur s'arrêter de battre. Elle se tourna alors vers sa mère. Elle regardait par la fenêtre, les yeux fixes, la mâchoire crispée et le visage livide, immobilisée par la peur.

Soudain, le train fit une embardée dans un mouvement violent, et certaines femmes qui se tenaient debout tombèrent en criant sur le sol. Mercedes se cramponna à son siège. Il lui sembla que le train venait de changer de rail. Il avait tout d'abord reculé pour modifier sa trajectoire, mais maintenant avançait dans la bonne direction. En direction de la France. Elle tourna la tête vers la mère qui n'avait pas bougé, mais au soupir de soulagement qu'elle ne put retenir, Mercedes savait qu'elle avait bien compris.

Mercedes se laissa alors bercer par le balancement du train, dont le rythme régulier finit par la plonger dans un sommeil profond.

Lorsqu'elle se réveilla, elle regarda par la fenêtre le paysage qui avait changé. Il ne lui était plus familier. Les montagnes avaient disparu laissant place à des champs à perte de vue sous un ciel bas et gris. A l'horizon, des arbres nus squelettiques dont la silhouette semblait dessinée au fusain se regroupaient en bosquet.

La pluie qui coulait sur la vitre paraissait diluer, tel un tableau peint, le paysage cafardeux qui défilait sous ses yeux.

Sur le trajet, le train fit des haltes dans des gares françaises comme Toulouse puis Bordeaux dont elle reconnut les noms parce qu'ils étaient écrits sur les camions qui venaient jusqu'à Caldetas. Sur les quais, des gens les attendaient pour leur passer quelques vivres par la fenêtre en levant le poing et en criant des slogans révolutionnaires.

Lorsque le train s'arrêta à Poitiers, Mercedes et sa famille pensaient qu'elles allaient pouvoir descendre, mais les deux derniers wagons dans lesquels elles se trouvaient continuèrent leur chemin jusqu'à Châtellerault.

À quatorze heures trente, elles descendirent enfin du train et touchèrent le sol français de leurs jambes engourdies, certaines trébuchaient, d'autres avançaient d'un pas hésitant.

Sur le quai, les gendarmes qui les attendaient leur firent signe de les suivre.

La centaine de femmes et enfants émigrés espagnols avancèrent en serrant leurs petites valises précieusement contre leur corps, les femmes, le visage ravagé de fatigue, les enfants souillés de larmes, sous les regards étonnés des badauds. Mercedes observait de chaque côté cette ville étrangère, qui avait l'air grande et où les gens étaient nombreux à attendre devant leur porte.

Les gens regardaient passer en silence ce convoi miséreux, cette foule silencieuse qui avançait lentement et difficilement dans leurs vêtements froissés et déchirés, des nuits passées à dormir habillée. Certaines femmes titubaient de fatigue ou parce qu'elles avaient les pieds gelés, d'autres s'arrêtaient subitement prises de violentes quintes de toux qui leur arrachaient les entrailles, les yeux hagards comme au réveil d'un mauvais rêve.

Mercedes surprit de la pitié dans les regards, des phrases qui s'échangeaient ouvertement sur leur passage et dont elle ne comprenait pas le sens « les pauvres ! Qu'ils ont l'air fatigué ! » Mais aussi de la bienveillance dans les regards compatissants et désolés « si c'est pas malheureux de voir ça ! Pareille misère !», des esquisses de sourire de bienvenue au bord des lèvres de gens qui n'osaient pas sourire. Elle avait lu aussi de la méfiance et de l'hostilité et elle avait détourné les yeux.

Le vent glacial de février lui brûlait les mains et ses pieds tapissés d'engelures avaient peine à la soutenir. Elle fut soulagée de voir enfin le convoi s'arrêter sur une allée bordée de platanes qui paraissait située au centre de la ville de par la multitude de magasins et de cafés qui l'entouraient. Les femmes et les enfants entrèrent sous les halles de la place du marché où l'Etat français avait préparé des tables couvertes de nourriture. Mercedes fut écœurée par les camemberts coulants qu'on leur servit et qui sentaient fort. Comment les Français pouvaient-ils leur offrir des fromages périmés ? pensa-t-elle, ignorant que ces fromages faits à cœur, et elle l'apprendrait plus tard, étaient des plus excellents.

Ensuite, les gendarmes les accompagnèrent à pied à leur refuge, une caserne désaffectée qui ne se trouvait pas très loin. Le bâtiment était imposant et austère avec ses petites fenêtres habillées de barreaux. Mercedes passa la lourde porte avec appréhension, mais fut rassurée par la chaleur qui régnait à l'intérieur. Elle balaya la pièce du regard et se dit qu'elles n'auraient pas été si mal si elles n'avaient pas dû dormir sur la paille qui avait été disposée à même le sol. Mais au moins ici elles n'auraient plus froid et elles n'auraient plus peur.

Les femmes s'installèrent, en étendant les quelques couvertures qu'elles avaient emportées pour séparer leurs couches de celles de la famille voisine et préserver le peu d'intimité qui leur restait.

Puis elles s'allongèrent sur le sol tant bien que mal. Mercedes entendait sa mère tourner et se retourner pour trouver une position confortable, elle eut une pensée pour son père. Était-il à l'abri, avait-il chaud, lui aussi ? Puis la fatigue aidant, elles finirent par tomber dans un sommeil si lourd et si profond qu'elles ne sentirent pas la dureté du sol engourdir leurs chairs.

Par contre, les nuits suivantes, ce fut plus difficile. Mercedes comprit au visage de sa mère dont les traits ravagés par la fatigue s'accentuaient de jour en jour, qu'elle passait des nuits pénibles. Parfois, elle avait du mal à se lever, et se frictionnait la hanche ankylosée pour y faire circuler le sang, mais n'en dit jamais rien. Il semblait à Mercedes qu'elle vieillissait à vue d'œil.

Un réfectoire avait été aménagé composé de grandes tables et de bancs. Tous les midis, la commune venait préparer les repas sur place pendant lesquels les réfugiées aidaient à éplucher les légumes. Les plats étaient copieux et elles en profitèrent pour se refaire une santé. Elles mangeaient trois à quatre fois par semaine de la morue et presque tous les jours du riz bouilli. Elles mangeaient enfin à leur faim.

Le changement de nourriture leur causa des troubles gastro-intestinaux pour lesquels elles consultèrent un médecin à l'extérieur du refuge. Elles tentèrent de lui expliquer, « me duele el vientre », mais le médecin ne paraissait pas les comprendre, alors elles appliquèrent leurs mains sur le ventre « aquí, aquí » pour lui indiquer l'endroit où se situait la douleur. Elles en profitèrent aussi pour lui dire qu'elles étaient enrhumées, beaucoup toussaient.

Elles disaient chacune leur tour :

- constipées. Constipées.

Elles avaient francisé le mot *constipado* qui veut dire enrhumé en espagnol.

Le médecin leur remit néanmoins une ordonnance et elles rentrèrent au refuge prendre leurs médicaments.

Le lendemain, Mercedes fut réveillée par de terribles maux de ventre. Elle sentit des crampes lui tordre les boyaux et se précipita aux toilettes, mais ne put les atteindre : toutes les femmes et les enfants qui avaient absorbé les laxatifs que le médecin leur avait prescrits faisaient la queue, pliés en deux, en se tenant le ventre.

Comme le nombre de toilettes n'était pas suffisant, il fallait attendre son tour, péniblement. Alors ils attendirent toute la journée parce que les troubles intestinaux dont ils souffraient étaient si intenses qu'ils les contraignaient dès qu'ils sortaient des toilettes à refaire la queue depuis le début.

Mercedes avait été surprise en découvrant les latrines « à la turque », pour le moins rustique, dont était pourvue la caserne. Les arrivées d'eau, le tout à l'égout étaient inexistants. Elle prit conscience alors de la prospérité de sa ville natale et des grandes villes de Catalogne qui étaient beaucoup mieux équipées dans le domaine sanitaire que les campagnes françaises.

Le lendemain, elles reçurent des vêtements et des chaussures du comité d'entraide Franco-espagnol. L'administration préfectorale avait lancé un appel à la population dans la presse pour récolter « du linge, des vêtements, des chaussures mêmes très usagés, des appareils de chauffage, des lits d'enfants… » pour soulager la grande misère des réfugiés qui furent au nombre de deux mille quatre cent six, à arriver dans la Vienne en février 1939.

Peu de temps après leur arrivée, le directeur du camp qui avait reçu des directives du préfet de la Vienne afin d'inciter les réfugiés à rentrer en Espagne, leur remit des formulaires à remplir, rédigés en espagnol. Il avait lui-même reçu une lettre du ministre de l'Intérieur. « Je vous rappelle l'intérêt que j'attache aux rapatriements très rapides de ces Espagnols... Vous voudrez bien prendre toutes mesures utiles pour que cette évacuation ait lieu par départs collectifs à un rythme accéléré ».

Les réfugiés qui souhaitaient être rapatriés en Espagne devaient indiquer leur nom, leur âge et le nom des membres de la famille qui les accompagnaient. Maria, à la demande de sa mère, indiqua son nom et en marge, « ne veut pas rentrer en Espagne sans avoir des nouvelles de mon mari qui est en France ».

Beaucoup d'entre eux retournèrent en Espagne. Certainement ceux pour qui le retour semblait possible, ceux qui avaient été amenés à fuir à cause des combats et qui ne se sentaient pas concernés par la loi dite des responsabilités politiques promulguée par Franco. Cette loi à portée rétroactive permettait de poursuivre devant les tribunaux ceux qui depuis octobre 1934 avaient participé à la vie politique républicaine ou ceux qui depuis 1936 s'étaient opposés au mouvement national par actes concrets ou passivité grave.

Au mois de mars, le gouvernement français ouvrit à nouveau les frontières et les rapatriements furent multipliés par trois. Mais devant les pressions exercées sur les réfugiés pour les inciter à regagner leur pays, le ministre de l'Intérieur, Albert Sarraut fit savoir alors qu'il assurait la garantie de l'asile français aux réfugiés « honorables » : « ces hommes-là, tant que nous ne serons pas certains qu'ils ne seront pas voués à des représailles, nous n'avons pas le droit de les livrer de force… La France ne saurait envisager de se faire la pourvoyeuse des poteaux d'exécution ».

Dans le camp, les femmes travaillaient. Elles aidaient à la cuisine et fabriquaient des paillasses pour les baraquements ou pour les camps. Le reste du temps, elles attendaient. Elles attendaient la fin de la journée, la fin de la guerre, elles attendaient de retourner au pays, elles attendaient des nouvelles de leur famille, de leur mari, de leur père, de leurs frères ou de leurs fils. Leur vie n'était qu'attente. Qu'étaient-ils devenus ? La mère ne savait pas écrire, c'était donc ses filles qui se chargeaient de rédiger les courriers à destination des camps dans l'espoir de retrouver leur père et leurs frères. Etaient-ils passés ? Mercedes écrivit plusieurs fois à Caldetas, pour avoir des nouvelles de José et d'Angel, savoir s'ils étaient restés au pays, s'ils étaient passés, s'ils étaient en vie. Luisa écrivait à Ramon. L'écriture était le seul lien qu'elles conservaient avec les leurs. Alors tous les jours, inlassablement, Mercedes se rendait au bureau du courrier en espérant avoir une réponse, quelle qu'elle soit, et mettre fin à cette douloureuse attente. Et tous les jours, la jeune fille de l'accueil répondait avec le même hochement de tête au regard qui n'osait plus être interrogateur. Tous les jours, cette conversation silencieuse reprenait.

Un matin alors qu'elle s'apprêtait à sortir du bureau, son regard fut attiré par un gros titre en première page d'un journal local qui parlait de l'Espagne. Elle apprit ce jour-là que Madrid s'était rendue le 28 mars suivie par Valence qui fut conquise le 30 mars.

Mercedes s'effondra. Son frère José se trouvait à Valence et ne pourrait plus passer en France. Mais était-il seulement encore en vie ?

Tous les moments heureux, tous les jeux qu'ils avaient partagés ensemble lui revinrent en mémoire. Eux, étaient sauvés et lui n'avait peut-être pas eu cette chance.

Le premier mot que Mercedes apprit était merci, sans aucune difficulté puisque pareil qu'en catalan. Merci pour la nourriture, merci de nous recevoir, merci pour les habits que vous nous offrez.

Elle n'était pas pressée d'apprendre le français et de s'intégrer parce qu'elle vivait avec l'idée, tout comme sa famille d'ailleurs, qu'elle retournerait un jour en Espagne, que les Américains battraient Franco.

Parler français signifiait pour elle perdre complètement son identité et surtout était admettre qu'elle resterait ici définitivement et qu'elle ne reverrait plus son pays. Madrid était peut-être tombée, mais ils n'avaient pas encore perdu, les Américains sauveraient la République.

Le mois d'août arriva, décolorant dans son souffle chaud la campagne qui peu à peu prenait les douces couleurs de sa Catalogne natale. Parfois, sa vue était attirée par des herbes sèches qui se balançaient au rythme du vent devant un rocher et Mercedes imaginait alors qu'à l'horizon, au bout du chemin se trouvait la mer.

Elle n'avait toujours pas de nouvelles de son père. Il lui avait pourtant promis qu'il les retrouverait. Il lui manquait tellement !

Les réfugiés restaient entre eux. Ils n'éprouvaient pas le besoin de faire la connaissance des Français vers qui ils n'allaient pas spontanément. Pas seulement à cause de la barrière de la langue, mais parce que la promiscuité dans le refuge avait rapproché les réfugiés les uns des autres qui avaient trouvé à l'intérieur le soutien qu'ils n'allaient pas chercher ailleurs.

La mère se lia d'amitié avec une femme Simo Garcia qui venait des Asturies. Elle était arrivée en France avec son fils âgé de cinq ans et ses quatre filles, dont Maria qui devait devenir la meilleure amie de Mercedes. Elles ignoraient alors toutes les deux qu'elles ne se quitteraient plus. Leur cinquième fille qui était mariée était restée en Espagne. Elle avait sombré dans la folie après avoir assisté à l'exécution de son mari, fusillé par les franquistes, après avoir creusé sa tombe sous la menace de leurs armes.

Il fallait oublier cette guerre terrible, se changer les idées, ne plus penser aux absents. Alors, Mercedes allait rejoindre les jeunes dans la cour de la caserne pour discuter et chanter. Parfois, elle sortait se promener au centre-ville avec Luisa. Cette ville qui lui avait semblé si étrangère au début, avec ses maisons aux façades grises, ses arbres nus, entourée de champs qui laissaient voir l'horizon à perte de vue, commençait tout doucement à se laisser apprivoiser jusqu'à ce que Mercedes lui trouve un certain charme, au fur et à mesure qu'elle s'appropriait un coin de rue, une boutique, un lampadaire qui incidemment faisaient partie de sa mémoire.

Un matin de septembre, Mercedes remarqua que la lumière avait changé. L'été était fini.

Elle aimait cette saison où le vent de son souffle tiède habille la campagne de coloris chatoyants comme sous le pinceau d'un peintre. La lumière douce et intime faisait naître en elle un indéniable vague à l'âme. La nature célébrait dans un dernier souffle le repos tant mérité avant de s'éteindre doucement. Mercedes se sentait nostalgique.

Sa rêverie fut soudainement interrompue par l'arrivée de Luisa.

- Viens vite ! Le directeur veut nous voir ! Il a convoqué tout le monde dans la salle à manger.

Mercedes et Luisa se faufilèrent discrètement. Le directeur leva un œil vers elles, et reprit :

- Ce soir, vous devez faire vos valises, préparer toutes vos affaires, nous allons vous transférer dans le camp de Poitiers.

Comme il ne leur donna pas plus d'explications, elles se demandèrent s'il s'agissait d'une punition. Combien de fois avaient-elles entendu de la part du surveillant du camp « Tenez-vous à carreau ou je vous envoie à Poitiers ! »

D'ailleurs, deux jeunes femmes avaient été envoyées à Poitiers pour s'être livrées, soi-disant, à la débauche.

Les réfugiés n'étaient pas prisonniers, mais surveillés.

Ils détenaient chacun un laissez-passer qu'ils devaient faire renouveler une fois par mois à la préfecture et n'avaient pas le droit de quitter le département. Les directeurs de camps avaient ordre, selon les directives du ministre de l'Intérieur « de signaler, toute attitude suspecte, toute mauvaise volonté à se conformer aux injonctions dont ils pourraient faire l'objet, en vue de leur expulsion ».

La famille Luesma fit à nouveau ses valises en y ajoutant les vêtements qu'on leur avait donnés.

Le lendemain matin, des camions militaires bâchés les attendaient ; la mère et ses filles grimpèrent à l'intérieur.

Le camion les déposa devant le refuge de Poitiers, un ancien hôpital désaffecté situé rue Jean Macé, où se trouvaient déjà les femmes, enfants et quelques hommes vieux qui occupaient l'avant du train qu'elles avaient emprunté.

Le centre était complet, et un homme les accompagna jusqu'au grenier. Là aussi, elles dormirent sur de la paille qui attirait chaque nuit, une multitude de souris qui les réveillaient.

Elles avaient moins de liberté. Elles avaient le droit de sortir la journée, mais devaient respecter les horaires et être de retour avant dix-neuf heures sans quoi la concierge ne les laissait pas entrer. Le règlement était plus strict, militaire, certainement parce que les réfugiés étaient beaucoup plus nombreux.

Le lendemain, Mercedes et ses deux sœurs aînées se rendirent au bureau du courrier. Six mois s'étaient écoulés et elles n'avaient toujours pas de nouvelles de leur père. Il y régnait ce jour-là une ambiance effervescente.

La jeune réfugiée espagnole qui servait d'interprète parlait vite. Cette petite femme maigrelette à peine sortie de l'enfance racontait avec véhémence qu'elle venait de trouver une mallette contenant 64 000 francs, « une fortune ! », qu'elle avait rapportée aussitôt à la direction du refuge pour qu'elle la restitue à son propriétaire, un homme important et connu de la région lui avait on dit.

Elle se représentait l'étendue du désastre que vivait celui qui avait perdu cette somme considérable, pour elle, le travail de toute une vie.

Pourtant, le propriétaire, un homme sec et déplaisant avec de petits yeux fuyants derrière ses lunettes s'était contenté de lui lâcher un simple merci du bout des lèvres, comme s'il lui écorchait la bouche, sans lui prêter un seul regard. Puis il était reparti précipitamment avec sa valise sous le bras, par crainte qu'elle ne lui demande une récompense pour l'attitude honorable dont elle avait fait preuve.

Il n'avait pas pris le temps de remercier de quelques francs, cette pauvrette en haillons.

Mercedes se dit alors que la plupart des gens auraient gardé cet argent. Elle ne savait pas si elle devait admirer cette jeune femme qui avait fait le choix de le rendre ou la plaindre. Cette femme qui se trouvait pourtant dans une extrême pauvreté, cette femme qui avait tout perdu, sa maison, ses meubles, ses affaires, son pays, une femme qui malgré un avenir incertain avait rendu une mallette d'une valeur considérable, parce qu'elle avait calculé le nombre d'heures de travail, de peine et de sueur perdus que cet argent représentait, parce qu'elle avait mesuré le désastre d'une telle perte, et ce désastre lui avait fait peur.

Elle comprit alors que la valeur de l'argent n'était pas la même pour tous. Parce que la valeur de l'argent non seulement se calcule à la sueur perdue au travail, mais que c'est cette sueur perdue à la tâche qui fait de la place à certaines qualités humaines comme l'empathie, la reconnaissance, la gratitude et la générosité.

Les trois sœurs s'étaient éloignées légèrement du groupe et de son brouhaha, des cris d'exaspération et de colère « que tu es bête, pourquoi tu l'as rendu ? A quoi as-tu pensé ? A rien ! A rien ! Ce n'est pas possible ! », pour se pencher sur les listes de réfugiés fournies par les différents camps en France, lorsque soudain le regard de Mercedes tomba sur le nom de son père, Angel Luesma Espinosa qui figurait sur la liste d'un camp en Normandie. Mercedes qui n'y croyait pas, relut plusieurs fois le nom son père qui dansait devant ses yeux.

La mère ordonna tout de suite à Mercedes de lui écrire pour lui signaler leur position. Quelque temps plus tard, le camp de Normandie lui répondit que son père était sorti pour travailler dans une ferme et qu'il lui transmettait leur courrier. La joie ressentie de le savoir en vie céda à la déception.

Lui qui était si proche, s'éloignait encore.

Elles écrivirent sans délai à la ferme et reçurent quelques semaines plus tard une lettre très courte dans laquelle le père disait simplement qu'il allait bien et où il avait glissé quelques billets.

Il avait eu la chance de bénéficier d'un placement individuel qui était réservé aux miliciens sur lesquels le gouvernement possédait des informations favorables. Il était logé et nourri par l'agriculteur et percevait quelques indemnités. Il leur disait aussi qu'il demandait l'autorisation auprès de la préfecture de les faire venir, le gouvernement autorisant le regroupement familial à ceux qui avaient obtenu un emploi. Il reçut une réponse négative en raison de ce que son gain ne constituait pas une rémunération suffisante pour subvenir aux besoins de sa famille, et dans laquelle on lui rappelait les règles auxquelles ils devaient obéir : il n'était pas autorisé à rejoindre sa femme dont la situation financière ne permettait pas de faire vivre la famille et il n'avait pas le droit non plus de quitter le territoire où il se trouvait sous peine d'être renvoyé dans un camp ou d'aller en prison.

La mère pendant la journée effectuait les corvées ménagères avec Maria et Pilar, supervisées par un ancien commandant espagnol réfugié. L'une d'elles consistait à rapporter le bois stocké à l'extérieur pour alimenter les poêles des baraques. Elle souffrait du froid et avait ralenti la cadence ce qui provoqua la colère du chef qui lui imposa une corvée supplémentaire en vociférant :

- Si vous ne faites pas ce que je dis, je vous renvoie en Espagne !

Alors la douleur à fleur de peau de cette écorchée vive se réveillait.

Encore un petit chef qui profitait du peu de pouvoir qu'il lui était donné pour écraser ses semblables. Cet homme insignifiant tant physiquement qu'intellectuellement, de surcroît complexé, avait ravalé des années de rancœurs qu'il vomissait sur les autres aujourd'hui. Il détenait enfin le pouvoir d'être reconnu, le pouvoir d'être craint et l'exerçait sans limites pour se venger de toutes ces années d'humiliation, de toutes ces années qu'il avait dû supporter en baissant les yeux. La mère demeura silencieuse parce qu'elle savait qu'elle ne pouvait pas se défendre. Elle ne voulait pas lui donner l'occasion de faire un rapport sur son comportement ou sur son attitude.

Cet homme venait de réveiller la douleur gravée à tout jamais dans son corps qu'avait laissée Franco. Que le sort d'un individu puisse alors dépendre d'un esprit pervers ou malade lui paraissait vraiment terrifiant.

Comment un homme tel que Franco avait-il pu mettre son pays à feu et à sang ? Comment avait-il eu, avec l'appui de l'église et en toute impunité, le pouvoir de vie et de mort sur des milliers de personnes ? Devant cette constatation amère, devant cette injustice, et l'impuissance des hommes qui s'étaient battus contre l'atrocité, devant l'irréparable, la rage et la révolte la secouaient, la laissant meurtrie à tout jamais. Cet homme était de la même espèce.

Maria comprit le tourment de sa mère, dont les traits du visage que le sang avait quitté s'étaient crispés, et ignorant le commandant malgré sa timidité, dit à sa mère :

- ne vous tracassez pas mama, on le fera à votre place.

Mais l'homme ne voulut rien savoir et la mère fut obligée de s'exécuter.

Les filles vouvoyaient leurs parents, comme cela se faisait beaucoup dans les familles espagnoles.

Un jour Mercedes qui avait entendu sa cousine tutoyer sa mère s'était promis que lorsqu'elle serait mère, elle instaurerait le tutoiement avec ses enfants, pas parce que le vouvoiement de ses parents la gênait, elle y était habituée, mais parce qu'il installait une distance qu'elle ne voulait pas vivre avec ses enfants.

Pour occuper leurs après-midis, les femmes du refuge se rendaient souvent au centre-ville de Poitiers. Elles partaient ensemble puis se séparaient lorsqu'elles arrivaient sur la place d'armes.

Mercedes et Luisa s'installèrent sur un banc qui leur permettait d'avoir une vue d'ensemble sur la grande place pavée. Elles observaient les passants, regardaient leurs vêtements, leur façon de marcher, certains s'arrêtaient près d'elles et alors elles tentaient d'écouter leur conversation dont elles ne comprenaient qu'un mot sur deux lorsque soudain, leur regard fut attiré par deux jeunes hommes qui avançaient vers elles.

Le plus petit prit la parole :

- holà, vous êtes espagnoles ? Me llamo Alejandro et voici mi amigo Jorge. Voudriez-vous boire un verre avec nous ?

Leur demanda-t-il en pointant du doigt la terrasse d'un café juste en face.

Les deux sœurs qui n'avaient besoin que d'un regard pour se concerter, sans un mot se levèrent et les suivirent.

Le serveur apporta une limonade à leur table, les jeunes gens conversaient joyeusement, ils parlaient de l'Espagne, de la guerre et de leur arrivée en France.

Alejandro qui s'intéressait plus particulièrement à Mercedes lui posa des questions plus personnelles, pendant que Jorge parlait avec Luisa.

Il lui apprit qu'il faisait des études de droit pour devenir avocat avant la guerre et qu'il se trouvait actuellement dans une compagnie de travailleurs étrangers.

Mercedes se sentait troublée par son regard. Elle détourna légèrement la tête, le soleil qui déclinait à l'horizon, lui rappela qu'il était l'heure de rentrer.

- Voudriez-vous venir avec nous au cinéma demain après-midi ? S'enquit Alejandro.

Les deux sœurs acceptèrent.

Elles traversèrent la place silencieusement puis Luisa qui avait attendu de s'être suffisamment éloignées demanda à sa sœur :

- Comment tu les as trouvés ?

- Gentils.

- Et Alejandro ?

- Très beau.

Elles éclatèrent de rire et repartirent d'un pas alerte jusqu'au refuge.

Mercedes qui attendait avec hâte le lendemain, se coucha ce soir-là, le cœur heureux. Elle se mit à rêver éveillée d'Alejandro, à imaginer leur rencontre du lendemain et la paille sous son corps lui parut moins dure.

Mais cet afflux de femmes dans les rues de Poitiers déplut au Général de Division Sciart commandant d'armes de Poitiers qui écrivit au maire afin qu'il prenne un arrêté leur interdisant l'accès au centre-ville. Il écrivit :

« Mon attention a été appelée sur la liberté à mon avis excessive, avec laquelle les nombreuses femmes réfugiées espagnoles qu'héberge notre ville, sont autorisées à y circuler du matin au soir. En particulier l'après-midi, on les voit se promener sur la place d'armes et dans les rues avoisinantes, interpeller les promeneurs, beaucoup sont en quête de bonnes fortunes.

J'ai le devoir de préserver autant que possible, les militaires de la garnison contre le péril vénérien... »

Sa demande ne fut pas retenue, mais reflétait l'état d'esprit que partageaient certains.

Le lendemain, Alejandro et Jorge étaient au rendez-vous. Lorsque les jeunes gens sortirent du cinéma, il était déjà dix-neuf heures. Mercedes et Luisa qui ne savaient pas comment elles allaient expliquer leur retard à la concierge du camp, prirent congé de leurs amis précipitamment.

- Il faut qu'on y aille ! Sinon on ne pourra pas rentrer !

- Nous nous reverrons n'est-ce pas ?

- Oui bien sûr, mais maintenant il faut qu'on y aille.

- Demain à 14 heures sur la place ?

- D'accord !

Les deux sœurs coururent jusqu'au refuge, mais lorsqu'elles arrivèrent la porte était déjà fermée. Il était 19 h 15.

Mercedes sonna.

La concierge sortit, entrouvrit la porte en fer forgé et reconnaissant les deux sœurs :

- Vous avez vu l'heure qu'il est ? Il y a un règlement ! Vous restez dehors et si vous n'êtes pas contentes je vous renvoie en Espagne !

Mercedes insista :

- S'il vous plait, ce n'est pas de notre faute, la séance de cinéma a duré plus tard que prévu. Laissez-nous entrer.

Mercedes n'aimait pas cette femme sévère et arrogante qui ne pouvait s'empêcher de leur faire la morale. Elle avait toujours un air excédé comme si elle portait le poids de la misère de la terre sur les épaules. Elle était Française et ces étrangers commençaient sérieusement à lui peser sur le système. Elle l'entendit ronchonner quelques phrases que Mercedes ne comprit pas, tout en tournant la clé dans la serrure.

- Suivez-moi !

Et elles suivirent en se faisant légères sur la pointe des pieds, le pas décidé qui martelait le sol de colère jusqu'à leur mère :

- Voilà vos filles. Je les ai laissées rentrer cette fois-ci, mais ce sera la dernière ! Assurez-vous qu'elles ne recommencent pas.

La mère attendit un instant que la concierge quitte la pièce puis se tournant vers ses filles :

- Où étiez-vous ? Je me suis fait du souci. Que ce soit la dernière fois où je ne vous laisse plus sortir !

Elles s'excusèrent. Mercedes s'en voulut de rajouter un tourment supplémentaire à sa mère puis se rassura parce que ce retard n'était pas volontaire.

Mercedes n'avait pas de nouvelles d'Alejandro depuis plusieurs jours. Il n'était pas venu le lendemain au centre-ville la retrouver comme convenu.

Lorsqu'elle apprit que la police avait débarqué aux « Lourdines » et fait expatrier tous les hommes qui s'y trouvaient, elle pensa qu'elle tenait enfin la réponse au silence d'Alejandro. Il lui avait bien dit qu'il travaillait dans cette carrière où avec sa compagnie il cassait des cailloux.

Certainement, d'après les dires, parce qu'il s'agissait d'un groupe de miliciens. Les directeurs de camps selon la directive du ministre de l'Intérieur avaient également ordre « de surveiller les sentiments manifestés par les étrangers à l'égard de la France, tout groupe organisé qui aurait reçu pour mission de créer en France de l'agitation parmi d'anciens miliciens s'étant rendus coupables de violence et qui auraient quitté l'Espagne pour échapper aux sanctions auxquelles ils étaient exposés ».

Alejandro lui avait bien dit qu'il était communiste.

Elle pénétra comme tous les jours dans le bureau du courrier et de la même façon, presque comme une automate, amorça un demi-tour sans attendre la réponse muette qu'elle connaissait déjà, ne supportant plus la vue du hochement de tête résigné de la postière, quand soudain elle s'arrêta en plein élan : quelque chose avait changé.

Elle n'osait pas y croire. Et pourtant, la femme derrière le guichet se retourna et lui tendit une lettre avec une joie dans le regard qu'elle avait du mal à dissimuler, tant elle était fière d'être enfin l'instigatrice d'une bonne nouvelle.

C'était une lettre qui venait d'Espagne, elle était de José, ce n'était pas possible, une lettre de son frère José.

Elle se précipita vers l'extérieur, appela Luisa, la missive levée en signe de victoire, et sans l'ouvrir, continua sa course jusqu'au lavoir rejoindre sa mère.

- Mama, una carta de José ! Il est vivant ! Una carta de José !

Sa mère se leva et tout d'abord ne parut pas comprendre. Puis elle pâlit, chancela avant de tomber à la renverse, étourdie, à quelques pas de la rivière.

Elle se saisit en tremblant de l'enveloppe sommaire.

L'Espagne franquiste ne permettait pas les échanges de courrier qui étaient rigoureusement contrôlés.

Il y avait juste écrit : « Je vais bien ».

C'était peu et pourtant l'essentiel. Il était en vie et en Espagne.

Lorsque la guerre éclata en France, les Espagnols durent libérer le refuge pour loger les soldats français. Ils ne furent pas surpris par cette nouvelle. Ils savaient que s'ils perdaient la guerre contre Franco, ce serait la guerre mondiale.

Le ministre de l'Intérieur avait dissolu le comité d'entraide Franco-espagnol afin qu'il mette fin aux secours apportés aux réfugiés. Ils avaient ordre de déménager dans des baraquements. Pour ce faire, l'Etat avait fait appel à des hommes réfugiés espagnols des camps de Barcarès et d'Argelès-sur-Mer.

Les femmes durent se préparer à quitter leur refuge et à se débrouiller par leurs propres moyens pour vivre. Cette guerre venait augmenter leur précarité, et leur angoisse. Comment allaient-elles faire, sans statut reconnu ?

Les réfugiés étaient moins nombreux à la fin de l'année 1939, le nombre des rapatriements et de ré émigration était estimé à trois cent mille. A Poitiers, les réfugiés n'étaient plus que huit cents.

Le jour venu, quelques réfugiés vinrent les aider à déménager leurs maigres affaires. Parmi eux se trouvait un jeune homme de 22 ans, LLuis Nadal qui venait du camp de Barcarès.

LLuis se rendit immédiatement compte que les conditions de détention ici étaient bien différentes de celles qu'il avait connues à son arrivée. Dans le camp de Barcarès, les réfugiés avaient été parqués comme des animaux dans des camps entourés de barbelés, dormant sur le sable dans des baraques qui faisaient huit pas de larges sur trente de long. Dans chaque baraque, les soixante-dix hommes qui y étaient entassés ne disposaient chacun que de quarante-sept centimètres d'espace.

Les hommes qui se trouvaient dans le camp d'Argelès subissaient des conditions d'existence extrêmes, des conditions d'existence inhumaines. A leur arrivée, il leur avait fallu creuser des trous pour tenter de se protéger du vent glacial. Beaucoup d'entre eux étaient morts de froid et de maladie. Il n'y avait pas d'électricité et l'eau stagnante qu'ils avaient bue en creusant dans le sable leur avait donné la dysenterie.

LLuis, au camp de Barcarès avait survécu à cette terrible maladie. Les gens crevaient de faim, les deux louches de soupe par personne qu'on leur servait par jour n'étaient pas suffisantes et le pain était aux trois quarts moisis. Il n'y avait pas de latrines et les hommes se soulageaient là où ils le pouvaient. LLuis avait eu la chance de connaître un des hommes qui travaillait à la cuisine du camp, et qui lui gardait les épluchures de pomme de terre. Et cette maigre subsistance lui permit de conserver les quelques forces qui lui restaient.

Chacun se débrouillait comme il le pouvait pour survivre et les plus forts résistaient.

Le camp d'Argelès-sur-Mer qui était le plus grand comptait soixante-quinze mille républicains vivant et mourant dans des conditions inhumaines. Chaque jour, les gardes du camp exerçaient une pression intolérable pour les inciter à regagner la frontière, suivant les consignes qu'ils avaient reçues du ministère de l'Intérieur. Et nombreux sont ceux qui repartirent en Espagne.

La France ne s'était pas préparée à leur arrivée, et c'est ainsi alors qu'ils avaient cru être accueillis, qu'ils se retrouvèrent emprisonnés au pays des droits de l'homme. Alors qu'ils avaient cru être sauvés, ils continuaient à mourir. SOIXANTE-QUINZE MILLE ESPAGNOLS MOURURENT DANS LES CAMPS.

Certains communistes furent livrés à Franco.

Il fallait partir, il fallait fuir ces camps à tout prix, avant de perdre sa dignité, avant d'y perdre la vie, pensait LLuis chaque jour, jusqu'à ce qu'il trouve le moyen de sortir en s'engageant dans une compagnie de travailleurs étrangers, qui l'avait conduit à Poitiers pour monter des baraquements et trier les valises des réfugiés.

Qui l'avait conduit jusqu'à Mercedes.

Il avait été immédiatement séduit par cette belle jeune femme de dix-sept ans, aux cheveux de jais coupés courts et au regard charbon, par sa fière allure et surtout par son grand sourire charmeur toujours ourlé de rouge. LLuis ne sentait plus le froid glacial de ce 31 décembre 1939 tant la chaleur de cette rencontre l'envahissait.

Le groupe d'hommes aux visages las et ravagés et aux corps décharnés s'installa à table et les femmes s'empressèrent de leur servir un repas. Mercedes fut frappée par la maigreur extrême de ces hommes aux yeux creusés et noircis. Lorsque Mercedes déposa devant l'assiette de LLuis, la panière de pain, il lui lança gaiement :

- Comment vous appelez-vous ?

- Devinez ?

- Mercedes.

Ce n'était pas difficile, il avait choisi le prénom le plus utilisé en Espagne et devant le sourire qu'elle essayait de retenir, il savait qu'il avait tapé juste.

Il se mit alors à plaisanter avec ses frères. Elle avait été surprise par son audace et avait éclaté de rire quand il avait déclaré à la tablée sans hésiter :

- c'est la femme que je vais épouser !

Mercedes ne l'avait pas pris au sérieux, mais apparemment, lui était tombé immédiatement amoureux d'elle.

Les hommes affamés se jetèrent sur la nourriture. Lorsque Mercedes voulut faire passer la panière de pain qu'elle avait posée devant LLuis au reste de la table, elle était vide. Elle n'avait jamais vu quelqu'un ingurgiter autant de nourriture et aussi vite.

LLuis pensa qu'il venait de faire le meilleur repas depuis son arrivée en France. C'était le Premier de l'an et il faisait un repas de fête. Mais les festivités s'arrêtèrent là. Personne n'avait le cœur de célébrer la nouvelle année, et de toute façon il n'y avait pas de raisin pour compter les douze coups de minuit.

Les jours suivants, ces hommes qui venaient de Barcarès et d'Argelès-sur-Mer mirent un peu d'animation dans le refuge. Ces hommes pourtant marqués par la souffrance et la fatigue, maigres et les yeux creusés étaient gais et pleins d'humour. Parce que c'est tout ce qu'il leur restait.

Un des hommes, Julio, jouait de la guitare et se mit à chanter la chanson des réfugiés : alé, alé parce qu'à la frontière, les soldats les poussaient en criant « allez, allez »

Somos los tristes refugiados

Y a este campo llegamos

Después de tanto andar

Hemos pasado la frontera

A pie por carretera

Con nuestra ajuar

Mantas, macutos y maletas

Tres latas de conserva

Y algo de humor

Es lo que hemos podido salvar

Después de tanto luchar

Contra el fascismo invasor

Y en el campo de Argelès-sur-mer

Nos fueron a encerrar para no comer

Y pensar que hace tres años

España entera

Era una nación feliz

Libre y obrera

Abundaba la comida

No digamos la bebida

Et tabaco y el papel

Había muchas diversiones

La paz en los corazones

Y mujeres a granel

Hoy que ni cagar podemos

Sin que venga un mójame

Nos tratan como penados

Y nos dicen los soldados ale, ale!

En mal año hemos entrado

No sabemos ya que hacer,

cada día sale un bulo

y al final te dan por el culo

ale, ale

Dos cigarros mil pesetas

Y en el juego no te metas

Porque las puedes palmar

Y si te vas al barrio chino

Ya estas copado

Pues te quedas si un real o cabreado

Y si a la playa vas a oscuras

Te pueden asesinar.

En ce mois de janvier 1940, huit cents réfugiés arrivèrent au baraquement situé dans un terrain vague de deux hectares sur la route de Limoges appelé « centre d'internement ». Douze baraques en bois de trente mètres sur huit, pouvant recevoir cent quarante personnes chacune, avaient été construites les unes à côté des autres dans un même alignement, avec à l'intérieur deux rangées de lits de camps superposés. De l'autre côté de l'allée centrale sur la gauche se trouvaient les cabines de douches et les toilettes, en face, la baraque qui servait de réfectoire, des douches et des latrines et sur la droite, le bureau du courrier, les cuisines et le poste de garde devant lequel les réfugiés devaient passer pour entrer et sortir du camp par l'unique et immense portail donnant sur la route de Limoges.

La famille Luesma s'installa au fond de la baraque numéro 10 et la mère étala ses couvertures pour les isoler de la famille qui s'installerait à côté. Il faisait un froid glacial, les températures descendirent jusqu'à moins vingt degré Celsius, et l'unique poêle qui avait été installé dans chaque baraque ne suffisait pas à les réchauffer, des stalactites pendaient entre les planches du plafond au-dessus de leurs têtes.

Le lendemain matin, Mercedes eut du mal à sortir du lit. Elle retardait le moment du lever tant elle craignait d'affronter le froid. Moins vingt degrés, c'était le Pôle Nord, pour elle qui n'avait jamais connue de température en dessous de zéro. Elle pointa son nez hors des couvertures et aperçut le verre d'eau qui avait été laissé sur la table et qui n'était que glace. Sa respiration dessinait dans l'air de la fumée blanchâtre, elle compta dans sa tête « un, deux, trois, à trois je me lève ».

Elle s'habilla à la hâte, gesticulant le plus possible pour faire circuler le sang, grelottante, le corps raidi.

Elle passa ensuite aux latrines, trois cabines en bois qui avaient été disposées les unes à côté des autres dans une des baraques), en espérant qu'il n'y aurait pas la queue. A son arrivée, il n'y avait personne et pour cause, elles étaient inondées et les robinets à l'extérieur avaient gelés.

Elle sortit et courut pour se réchauffer jusqu'au baraquement numéro cinq qui servait de réfectoire.

Elle prit un chocolat chaud qu'elle se dépêcha de rapporter, luttant contre le temps, parce qu'elle voyait déjà une couche de glace se former à la surface de la tasse.

Lorsqu'elle arriva, il était froid

Elle se rendit ensuite au bureau du courrier, dans l'espoir d'y recueillir une lettre de son père qui leur envoyait quelques sous régulièrement. Le courrier était la seule chose importante, la seule chose à laquelle elle se raccrochait. Lorsque la postière se tourna, et lui tendit une enveloppe, le cœur de Mercedes battit la chamade. Lorsqu'elle reconnut sur l'enveloppe l'écriture de son frère Angel, il lui sembla qu'il s'arrêtait de battre.

Angel était vivant ! Angel est vivant !

Il était passé en France et se trouvait dans le camp de concentration de Gurs, un des camps les plus difficiles où avaient été envoyés les aviateurs dont son frère faisait partie. Un camp entouré de barbelés, de miliaires, de gendarmes et de gardes mobiles où les républicains espagnols avaient été entassés dans des conditions inhumaines, luttant contre l'humidité des baraques et le froid, contre la faim, mais aussi la maladie et la vermine. Il n'y avait pas de chauffage et les réfugiés se lavaient dans des auges à l'extérieur des baraquements. Pourtant, elle courut rejoindre sa mère, le cœur battant de joie, la mère allait enfin peut être retrouver le sourire.

- Mama, Angel está aquí, Angel est là, il est passé en France !

Ils étaient tous là et en vie.

La mère s'assit sur la première chaise qui se présentait, prit la lettre en tremblant, la serra sur son cœur, la mit devant son nez pour y retrouver l'odeur de son fils, l'embrassa jusqu'à ce que les lettres se déforment sous l'abondance de ses larmes. Cette attente inhumaine était enfin terminée pour elle. Elle mesura la chance qu'elle avait d'avoir retrouvé les siens et de les avoir en vie, ce qui n'était pas le cas d'un bon nombre de réfugiés qui n'avaient toujours pas de nouvelles des leurs ou qui comptaient leurs morts.

Lorsqu'elle eut repris ses esprits, la mère demanda à Mercedes d'écrire au plus vite à son père pour l'informer de la bonne nouvelle. Pilar glissa à l'intérieur de l'enveloppe, deux photos, derrière lesquelles elle écrivit « pour notre père à qui nous pensons énormément ».

La lumière blafarde de l'hiver avait fait place à une lumière plus vive qui annonçait l'arrivée du printemps. Pourtant, il pleuvait à verse et le camp s'était transformé en véritable bourbier. L'eau passait à travers le toit des baraques. Mercedes regardait la pluie opaque qui ruisselait sur la fenêtre, formant un rideau épais qui masquait la lumière et l'horizon et qui accentuait son sentiment d'emprisonnement. L'humidité transperçait ses vêtements et elle n'arrivait pas à se réchauffer. Elle ne sortait que pour aller au bureau du courrier, traversait le camp dans la boue qui lui montait aux genoux, salissait ses vêtements.

Et le reste du temps attendait. Les journées étaient longues, oppressantes. Pourtant, ce printemps de 1940 lui amena une bonne nouvelle, elle allait enfin revoir son père. Cela faisait déjà un an qu'ils s'étaient séparés à la frontière.

Ce jour-là, Mercedes ne reconnut pas l'homme amaigri dont le regard avait changé. Son père dynamique et gai était devenu abattu et mélancolique. Il était heureux de retrouver les siens, mais la joie qu'il ressentait n'était pas totale, quelque chose en lui était mort, était resté en Espagne, avait disparu. Il passait ses journées, assis sur une chaise, à regarder les jeunes du camp s'amuser et chanter, mais son esprit était ailleurs. Que pouvait-il faire pour sa famille aujourd'hui, lui qui ne faisait les choses que pour elle ? Comment allait-il pouvoir vivre dans ce pays, sortir de ce camp où ils vivaient comme des prisonniers, devant obéir à un règlement strict sous peine d'interdictions de sortie ou d'expulsion du territoire français, avec des gendarmes devant les portes qui montent la garde ? Trouver un travail à son âge ? En aurait-il seulement la force ?

Au mois de juin, La France occupée par les Allemands fut coupée en deux par la ligne de démarcation. Poitiers se retrouvait en zone libre, mais l'Etat se déchargea des réfugiés espagnols. Dans les baraquements, les repas n'étaient plus servis. Les réfugiés devaient se débrouiller par leur propre moyen pour vivre.

Depuis la retirada, le gouvernement avait oscillé entre deux politiques à l'égard des Espagnols, leur renvoi du territoire français afin d'alléger les dépenses qu'ils occasionnaient ou les utiliser comme main d'œuvre ou comme force combattante afin de tirer profit de leur présence. Depuis la déclaration de guerre, la seconde politique fut adoptée, à cause de la pénurie de main-d'œuvre dont souffraient l'industrie et l'agriculture. Le ministre du Travail recommanda alors de ne pas rapatrier d'office les réfugiés espagnols aptes à un travail manuel et proposa de les préparer à s'intégrer par le travail. Il décida de leur délivrer des cartes de travail dans l'industrie ou dans l'agriculture et comme la loi interdisait le travail rémunéré aux réfugiés, il mit en place des autorisations provisoires valables trois mois.

Ce fut difficile, le premier mois. Certains Espagnols avaient réussi à trouver du travail, mais devaient attendre la fin du mois avant de toucher leur première paie. En attendant, ils devaient travailler le ventre vide.

Mercedes et LLuis se retrouvaient à chaque repas pour partager les quelques pissenlits que le père Luesma allait cueillir tous les matins pour assurer leur subsistance en complément de la soupe que leur distribuait le secours populaire.

LLuis lui faisait la cour, mais elle n'était pas libre. Mercedes lui parla alors de l'avocat qu'elle avait rencontré à leur arrivée. Alejandro lui écrivait qu'il pensait toujours à elle, qu'il ne l'avait pas oubliée, qu'il espérait bien la revoir et lui demandait de l'attendre. Il avait été transféré dans un camp en Tunisie, certainement, d'après LLuis parce qu'il était communiste.

LLuis était d'une agréable compagnie. Il était gai et ils riaient beaucoup. La vie reprenait ses droits, la vie continuait malgré tout, malgré leur exil, malgré la guerre, malgré les difficultés. La vie était la plus forte. Il leur fallait trouver du travail au plus vite d'autant que devant le découragement de son père quant à son incapacité à faire vivre correctement sa famille, celui-ci envisageait sérieusement de retourner en Espagne. Il était trop vieux pour travailler, comment allait-il pouvoir subvenir aux besoins de sa famille ? Il vivait très mal de devoir se rendre à la soupe populaire. Il disait qu'en Espagne, il aurait profité d'une retraite confortable s'il n'y avait pas eu la guerre. Il disait que s'il rentrait c'est peut-être et sans doute la mort qu'il y trouverait « peu m'importe de mourir, ici je n'ai aucun avenir. Ici, plus rien n'a de sens »

Il disait qu'ici il n'était plus rien.

Il fallait que les filles trouvent du travail. C'était la seule solution pour rester en France et redonner de l'espoir à leur père. Mercedes en parla à LLuis qui lui apprit que l'usine de la pile Leclanché à Chasseneuil du Poitou cherchait des ouvriers, avec la guerre, les usines manquaient de personnel.

LLuis toujours prévenant et attentif l'accompagna avec Luisa à l'entretien d'embauche. Il attendit devant l'usine en fumant quelques cigarettes. Les deux sœurs sortirent quelques minutes plus tard, un grand sourire aux lèvres, elles venaient d'obtenir un poste qui consistait à envelopper des piles.

Mais la guerre leur compliqua la tâche. Les voies ferrées avaient été bombardées et le train qu'elle prenait le matin, supprimé. Il ne leur restait pas d'autre choix que de se rendre au travail à pied.

Tous les matins, les deux sœurs quittaient le camp à quatre heures pour parcourir péniblement à pied les vingt-neuf kilomètres qui les séparaient de leur lieu de travail, par tous les temps, sous la pluie, le vent, et dans le froid. Et tous les soirs, leur journée de travail terminée, elles arrivaient à vingt-trois heures au baraquement, épuisées. Elles avaient juste le temps de manger un morceau quand il y avait de quoi se nourrir et dormir quatre heures avant de repartir.

Bien qu'elles aient l'habitude de marcher et de l'entrainement (elles avaient rejoint la frontière à pieds), le manque de sommeil et d'alimentation affaiblissait leur corps chaque jour davantage, rendant leur trajet de plus en plus ardu.

Au bout de quelques semaines, Mercedes était épuisée.

Sur le chemin, lorsque ses jambes ne voulaient plus faire un pas devant l'autre, lorsque la douleur envahissait le bas de son dos, elle se donnait des limites.

- Je tiens jusqu'au cinquième arbre au loin et après on verra.

Et lorsqu'elle y arrivait :

- Je tiens jusqu'au virage, et après on verra.

Et c'est ainsi d'arbre en arbre et de virage en virage qu'elle atteignait son lieu de travail où elle devait entamer une journée de douze heures, appréhendant le retour dans la nuit.

Devant ses yeux cernés, son corps décharné et le découragement qu'elle essayait de cacher, LLuis lui proposa de faire le chemin avec elle.

Que pouvait-il faire d'autre à part être à ses côtés, lui parler, lui tenir le bras pour détourner un instant son esprit de la douleur ? Il comptait sur ses paroles et son humour pour la distraire, il comptait sur le soutien moral qu'il lui apportait et sur sa présence pour rendre le trajet moins pénible.

Puis lorsque Mercedes passait la porte de l'usine, lorsqu'il voyait s'éloigner sa silhouette si frêle, le corps courbé qui flottait dans ses vêtements devenus trop grands, son cœur se serrait. Il parcourait seul le chemin dans l'autre sens, en réfléchissant. Si seulement il pouvait trouver un moyen de la soulager un peu !

Mercedes et Luisa s'installaient chaque jour à leur poste de travail à la section du charbon, où pendant six heures durant, elles enveloppaient les piles qui noircissaient leur peau, scrutant la pendule fixée sur le mur en face pendant qu'elles exécutaient des gestes devenus mécaniques, attendant que la cloche qui signalait leur demi-heure de pause, retentisse pour mettre fin à leur calvaire. Alors les deux sœurs se précipitaient en salle de repos pour dormir un peu.

Lorsque la pause touchait à sa fin, le chef d'équipe venait les réveiller à contrecœur et timidement les secouait :

- Allez, les petites. Allez.

Mercedes ouvrait les yeux et instinctivement regardait la pendule.

Ce jour, là le chef leur avait laissé un quart d'heure de sommeil supplémentaire. Et cette bienveillance, cette considération lui réchauffaient le cœur.

Alors elle se remettait au travail jusqu'au soir.

Lorsqu'elle sortit de l'usine, LLuis était là, nonchalamment adossé au portail de l'usine, fumant une cigarette. Elle lui sourit.

Il se moqua d'elles, de la noirceur qui avait envahi leur visage, leur cou et leurs mains avant de reprendre ensemble leur longue marche dans la nuit. Mercedes frissonna et LLuis l'enveloppa de son bras pour la réchauffer, profitant de ses trajets pour lui faire une cour discrète. Il attendait l'occasion, le moment où elle serait seule pour l'embrasser, mais Mercedes n'était jamais seule. Au baraquement, elle se trouvait toujours en présence de sa famille, elle ne sortait qu'accompagnée d'une de ses sœurs, le plus souvent de Luisa avec qui elle avait le plus d'affinités, peut-être en raison de leur faible différence d'âge. Mercedes et Luisa étaient les deux sœurs qui se ressemblaient le plus, physiquement, mais aussi psychologiquement et émotionnellement. Elles réagissaient de la même manière face aux événements, ressentaient les mêmes émotions, partageaient la même façon de voir le monde. Elles n'avaient pas besoin de se parler pour échanger leurs pensées, un seul regard suffisait. Souvent l'une disait à l'autre devant cette constatation « on est pareille ! ».

Mercedes se concentra sur ses pas, elle avait déjà mal aux jambes, mais n'en dit rien. Elle considérait que lorsqu'on ne pouvait rien, contre les événements, se plaindre était y ajouter une difficulté supplémentaire. Elle n'avait pas d'autre choix que de les vivre le mieux possible. Alors elle demeura silencieuse. Ils étaient en vie, c'était le principal, se disait-elle. Elle pensait qu'il fallait rester positif en attendant des jours meilleurs. Elle savait que les trains repasseraient, ce n'était qu'une question de jours, ou de mois. Elle savait que les jours seraient meilleurs. Elle avait le temps et la jeunesse.

Ces trajets lui permirent de mieux connaître LLuis dont elle se mit à apprécier de plus en plus la compagnie et les discussions. Il était gai, attentif, prévenant, intelligent et instruit. Il connaissait tout. Il dégageait une force et une autorité naturelle qui rassuraient. Il était beau et avait énormément de charisme. Lorsqu'il prenait la parole, son regard franc et direct captait l'attention de son auditoire. Sa voix était forte et assurée, son corps s'animait ponctuant chaque idée importante d'un mouvement de tête qui remettait en place sur le côté, sa mèche rebelle. Si on lui demandait de choisir la qualité qui le définissait le mieux, ce serait l'intégrité.

Elle n'avait pas eu le coup de foudre pour lui, comme avec Alejandro, mais elle sentait un attachement beaucoup plus profond naître en elle tout doucement. Elle se surprenait à le chercher du regard, et lorsqu'il n'était pas là, il lui manquait. Elle avait besoin de lui. Elle était sensible à l'attention qu'il lui portait et à sa manière de lui faire sentir combien elle était importante pour lui. Elle savait qu'il se battait pour conquérir son amour, il lui avait dit qu'elle était la seule personne qui comptait, il lui avait dit que c'était elle qu'il voulait et personne d'autre. Elle sentait bien qu'il était sur le point de gagner la bataille.

LLuis avait occupé une place importante au sein du puissant parti UGT, le syndicat du parti socialiste, mais il n'en parlait pas beaucoup. Il avait participé à la bataille de l'Ebre, la plus grande et la plus meurtrière de la guerre. Il était ce que l'on appelle un guerrier de l'ombre. Il n'aimait ni les hommages ni les honneurs. LLuis faisait toujours les choses par conviction ou parce qu'il n'avait pas le choix, mais refusait qu'on le félicitât pour cela. Il évitait de parler de la guerre, parce que son absurdité et la douleur que son souvenir ravivait lui faisaient perdre son calme. Surtout lorsqu'il évoquait, la mort de ses deux camarades qui couraient à ses côtés pour échapper aux bombardements des avions franquistes sur le front de l'Ebre. Il raconta à Mercedes cette bataille dont elle avait tant entendu parler. Lorsqu'il était arrivé avec ses hommes, l'Ebre était en cru. Les bombardements franquistes avaient détruit les ponts et les barrages élevant le niveau du fleuve. Il avait vu les hommes mourir, emportés par les courants. Son capitaine, un nageur émérite, s'était enroulé une corde autour de la taille avant de plonger dans le fleuve démonté. Après une lutte acharnée, il était passé de l'autre côté, avait fixé la corde à un tronc d'arbre pour permettre à ses hommes de s'y agripper et traverser le fleuve à leur tour. Lorsque les hommes s'étaient hissés jusqu'à la rive, les canons des franquistes les attendaient. Il lui raconta, la voix tremblante d'émotion, comment ils avaient couru sous les bombardements. Comment ses deux camarades à ses côtés étaient tombés au combat alors que lui était toujours là. Il disait d'une voix emplie de colère « pourquoi ? ».

Il se demandait encore pourquoi.

Les hommes remettaient leur vie au hasard et en cela c'était effrayant. LLuis disait qu'il n'y avait aucun mérite, aucune récompense à recevoir à être vivant, car il ne s'agissait ni de bravoure ni de courage, mais uniquement de hasard. Il disait s'être trouvé ou ne pas s'être trouvé au bon ou mauvais moment, au bon ou mauvais endroit. Il disait qu'il n'y avait aucun exploit à tuer des hommes.

Il parla à Mercedes de la chaleur torride qui les empêchait de respirer. « Nous avions soif, nous étions desséchés ».

L'aviation franquiste avait bombardé sans répit les républicains dans cette région montagneuse où il n'était pas possible de creuser des tranchées.

Sous la violence des combats, ils s'étaient réfugiés dans une cabane d'où leur chien, la mascotte du groupe s'était échappée.

Les hommes interprétèrent sa fuite comme un mauvais présage et s'affolèrent, mais aucun d'eux n'eut la force de quitter la maison qui les abritait pour aller à sa recherche.

Le capitaine demanda :

- Qui vient avec moi retrouver le chien ?

Personne ne répondit. Le silence avait envahi l'abri. LLuis avait hésité puis s'était levé et avait suivi le capitaine au-dehors, il disait que le moral du groupe en dépendait.

Alors qu'ils n'avaient pas fait cent mètres, un obus s'abattit sur la cabane qui vola littéralement en éclat.

LLuis ne put s'empêcher de penser à ce moment-là que la mascotte portait bien chance et qu'elle venait de lui sauver la vie.

LLuis était un homme intelligent qui réfléchissait beaucoup. Il était maigre et énergique. Dès qu'il prenait la parole, son regard s'animait s'enrichissant d'une lumière pétillante qui s'éteignait lorsqu'il se taisait, s'abîmant dans des pensées sombres et inquiétantes à la recherche de solutions pour son avenir, celui de sa mère et de ses frères, de ses amis, celui de son pays. Que faire et comment faire pour que les hommes aient une vie meilleure, pour que les hommes ne connaissent pas la guerre ?

Il fut recruté par l'Etat français dans une nouvelle compagnie de travailleurs étrangers sur les chantiers. Il avait accepté de travailler à la construction des routes de la Vienne, pour refaire le bitume qui avait sauté sous les bombardements.

Ce n'était pas payé, mais il était logé et nourri. Comme il ne rentrait pas toutes les fins de semaine, il envoyait une carte postale du village où il se trouvait pour en informer sa dulcinée.

Mercedes reprit ses allers et retours au bureau du courrier avec l'espoir cette fois-ci de ne pas en recevoir. Lorsqu'une carte de son amoureux l'attendait, elle savait que ce n'était pas une bonne nouvelle parce que cela voulait dire qu'il ne rentrerait pas et qu'il lui fallait attendre davantage avant de le revoir, mais ces quelques lignes reçues de Mirebeau ce jour-là la rendirent heureuse :

Adorada Mercedes,

Tu ne peux pas savoir à quel point je suis triste de ne pas t'avoir ce dimanche à mes côtés.

Il me reste néanmoins la consolation de t'envoyer ces quelques lignes, mais c'est si peu.

Je désire que cette semaine passe rapidement et être à samedi, je ferai l'impossible pour venir. Le 1er novembre est beaucoup trop loin et je crois que je serai mort du manque d'amour si je ne peux pas te prendre avant dans mes bras et embrasser ta douce bouche qui est pour moi le remède à tous les maux.

Lorsque je suis fatigué, tes baisers me raniment, lorsque je suis triste, tes baisers me rendent heureux, c'est pourquoi j'en ai tant besoin comme nous autres, avons besoin du soleil.

Ma chérie j'espère que tu m'écriras bientôt à l'adresse de la poste.

Tu LLuis

Dès qu'il était de retour à Poitiers, il s'empressait de rejoindre Mercedes. Un soir, il l'attira légèrement à l'écart du camp derrière un arbre, à l'abri des regards. Il lui dit qu'il la voulait pour lui tout seul, il lui dit son amour et combien il souffrait de ne pas la voir aussi souvent qu'il le souhaitait.

Le capitaine du camp qu'ils n'avaient pas vu approcher et qui avait entendu sa dernière phrase leur dit d'un ton cassant empli de reproches :

- Ne vous plaignez pas, vous pourriez être contents ! Vous êtes en France, on vous a reçu comme il faut !

LLuis se leva d'un bond, remit sa mèche en place sur le côté d'un mouvement de tête et répondit d'une voix calme et ferme :

- Je ne me plains pas. Mais vous savez quand je paie tout ce qu'on me donne, je n'ai pas besoin de dire merci parce que moi je travaille et je ne suis pas payé.

Pourtant, à la fin de l'année, l'Etat avait promis une prime de mille francs, à tous les travailleurs qui en feraient la demande. Bien sûr, LLuis fit le nécessaire pour l'obtenir. Cela représentait beaucoup d'argent.

- Viens, on va ailleurs, on sera plus tranquille dit-il en tirant Mercedes par la main jusqu'à ce qu'elle se lève pour l'entraîner vers le centre-ville.

Ils descendirent main dans la main, le faubourg du Pont neuf dont les maisons de chaque côté dressaient leurs façades sombres, s'arrêtèrent un instant sur le pont pour y regarder l'eau trouble et boueuse qui avait l'air de courir après le temps.

Ils remontèrent par la rue Jean Jaurès avec ses platanes nus, ces drôles d'arbres qui tentaient de les protéger de leurs branches amputées jusqu'à la racine ressemblant à des moignons, lorsque soudain, Mercedes s'immobilisa devant une vitrine :

- Qu'est-ce qu'il est joli ce vélo !

- Tu sais, si j'ai la prime, je te le paie.

Et il l'enlaça tendrement, déposant un baiser sur ses lèvres.

Mais seuls les Français qui avaient été prioritaires touchèrent la prime et Mercedes n'eut pas son vélo.

De toute façon, Poitiers est une ville située dans une cuvette où il est difficile de circuler en bicyclette tant les côtes sont raides et nombreuses confia Mercedes à LLuis quand il lui annonça la mauvaise nouvelle.

LLuis repartit pour Vernantes, un camp de travailleurs étrangers situé dans le Maine-et-Loire près de Saumur et Mercedes reprit ses allées et venues au bureau du courrier.

Le capitaine de la compagnie de travail était un homme charmant. Il parlait très bien l'espagnol et aimait discuter avec LLuis. Il avait en charge de lire tous les courriers destinés aux réfugiés avant de les leur remettre.

Ce matin, il l'interpella :

- Monsieur Nadal, venez dans mon bureau. Lisez-moi cette lettre qui vous est adressée.

LLuis se saisit de l'enveloppe, elle venait d'un ami réfugié.

Et pendant que LLuis lisait la lettre, le capitaine poursuivit :

- Il y a quelque chose qui me semble déplacé…

- Vous croyez ? Moi je ne vois rien, répondit LLuis.

- Pourtant Monsieur Nadal, ce n'est pas la peine de sortir de l'université de Salamanque ou de Madrid…

- A moins que vous ne vous référiez à …

Et lisant le passage écrit entre parenthèses à voix haute « (dans cette France hospitalière…) »

- Exactement ! Cela me semble un peu déplacé. Vous devriez quand même remercier l'Etat français. On vous reçoit, on vous loge, on vous nourrit…

- Vous savez, je travaille de 7 heures à 19 heures et je ne suis pas payé pour ça. Alors je pense que je n'ai pas à dire merci. Je gagne largement ce qu'on me donne.

LLuis, furieux, tourna les talons. C'était la deuxième fois qu'on lui faisait la remarque, mais avant qu'il n'ait atteint la porte d'entrée, le capitaine rajouta d'une voix subitement radoucie :

- Monsieur Nadal, demain vous serez parti. On vous envoie ailleurs.

-Où ?

- Tout ce que je peux vous dire c'est que demain vous serez avec votre dulcinée.

LLuis se retourna et le remercia d'un signe de tête.

Le capitaine venait de le mettre en garde. Il rejoignit sans tarder son frère Vicente qui travaillait avec lui pour le prévenir :

- Je m'en vais. Tu fais ce que tu veux, mais moi je pars.

Et c'est ce qu'il fit.

LLuis et Antonio, un ami dont il avait fait la connaissance dans le camp de travailleurs, prirent la route dans la soirée. Ils marchèrent toute la nuit pendant une centaine de kilomètres. Antonio qui connaissait suffisamment LLuis pour lui faire confiance, l'avait suivi sans hésitation lorsque celui-ci était venu lui dire qu'il fallait partir. Et LLuis reconnaissant de la confiance que lui témoignait son ami lui dit en plaisantant :

- Toi, Antonio, tu seras mon beau-frère, je te présenterai une de mes sœurs.

LLuis ne savait pas alors qu'il disait vrai et qu'Antonio deviendrait son beau-frère, non pas en épousant une de ses sœurs, mais Pilar la sœur de Mercedes.

Le lendemain matin, les réfugiés qui étaient restés dans le camp de travailleurs subirent une rafle et furent déportés dans des camps en Tunisie. Vicente, le frère de LLuis qui n'avait pas tenu compte de son avertissement, fut quant à lui déporté dans un camp en Angleterre.

Trois mois après, un train circulait à nouveau entre Chasseneuil du Poitou et Poitiers, réduisant considérablement le temps de marche des trois sœurs pour aller au travail (Maria venait d'être recrutée à la pile Leclanché). Le train ne passait pas à heures régulières, mais lorsqu'elles arrivaient en gare de Poitiers, il ne leur restait qu'une petite heure de marche pour rejoindre le baraquement.

Ce soir-là, il y avait une agitation anormale au camp. Le père faisait les cent pas devant la baraque en maugréant et en tapant du pied sur le sol. La mère demeurait silencieuse, comme à chaque fois que quelque chose de grave se produisait, et les voisines se lamentaient. Les yeux de ses sœurs affolés passaient de l'un à l'autre.

Pilar venait d'avoir un accident. La presse sur laquelle elle travaillait s'était rompue sur sa main emprisonnée qui avait continué à brûler. Elle avait été transportée en urgence à l'hôpital où les médecins s'étaient montrés pessimistes.

Lorsque Pilar sortit trois semaines plus tard de l'hôpital, elle avait été amputée jusqu'au coude. Elle se rapprocha de la sécurité sociale pour faire valoir ses droits, mais on lui apprit qu'elle n'en avait aucun puisque son employeur qui déduisait pourtant les cotisations sociales de sa paie ne l'avait pas déclarée.

L'escroquerie ne fut pas difficile à prouver et Pilar toucha une pension d'invalidité.

Mercedes surprit alors une conversation que son père tenait avec sa mère. Il se sentait responsable de l'accident de Pilar. Il était bouleversé :

- Je ne peux plus rester ici emprisonné, sans rien faire ! Nous sommes traités comme des indésirables et des fainéants ! Je ne me suis pas battu pour la République, et être traité comme un suspect. Autant retourner en Espagne !

Mercedes courut rejoindre LLuis qui discutait avec des jeunes du camp.

En l'apercevant, il lui sourit, mais devant la préoccupation que Mercedes affichait sur son visage, demanda :

- Qu'est qu'il y a ?

- Il y a que je crois que mon père veut retourner en Espagne.

- De toute façon à ton âge, ton père ne te laissera pas là. S'il rentre en Espagne, tu rentreras aussi. J'ai entendu dire qu'il y a dans le camp un juge de paix qui vient marier tous ceux qui le souhaitent.

Mercedes savait qu'elle était mineure et qu'elle n'aurait pas d'autre choix que de suivre son père si celui-ci repartait en Espagne. Elle veut rester avec LLuis qui lui, elle se savait, ne repartirait pas. Ils avaient fui le même pays pour se retrouver face à face aujourd'hui. Ils portaient en eux la même douleur, les mêmes idées, les mêmes espoirs. Bien qu'ils n'aient pas vécu la même guerre, comme LLuis aimait le lui faire remarquer ; lui avait combattu sur le front, avait fait face aux bombardements, à la famine, à la crasse et au froid. Il avait dû résister au désespoir lorsqu'il avait vu mourir sous ses yeux ses camarades et pour ne pas devenir fou. Mercedes à Caldetas, en zone républicaine avait continué à mener une vie presque « normale », où la nourriture ne manquait pas même si elle était restreinte. Pourtant c'est cette même guerre vécue différemment qui les avait réunis aujourd'hui. Mercedes était issue d'une famille républicaine socialement préservée alors que LLuis, qui vivait dans une grande pauvreté travaillait depuis l'âge de onze ans dans les pâturages pour nourrir sa famille pendant que son père jouait son salaire au café. Il devait le soir s'occuper de ses frères et sœurs dans une maison délabrée où l'eau courante et l'électricité n'arrivaient même pas. Il n'y avait que très peu de chances qu'ils se rencontrent en Espagne.

Mercedes ne se sentait pas le courage de rester avec LLuis en France sans l'assurance et la stabilité que lui apporterait le mariage. C'était une sécurité qui lui était nécessaire en ces temps instables et incertains et surtout, elle savait que son père ne la laisserait pas vivre en France avec LLuis sans qu'ils aient auparavant officialisé leur union.

C'est ainsi que ce fameux 30 août 1940, Mercedes et LLuis se rendirent à leur mariage, qui n'était pas tout à fait comme Mercedes l'avait rêvé. Cependant, elle revêtit sa plus belle robe, ourla ses lèvres de rouge et chaussa les escarpins qu'elle avait achetés à Caldetas avant de partir, ignorant alors qu'ils la porteraient devant l'officier d'état civil le jour de son mariage. LLuis ne put s'empêcher d'admirer l'élégance naturelle de Mercedes, qui, avec anxiété et joie mêlées, se présenta dans cette salle, où ils étaient nombreux à attendre. Pilar venait se marier avec Ramon qu'elle avait rencontré dans le camp.

L'homme en face d'eux énumérait derrière ses lunettes, leurs noms, leurs âges, ce fut rapide. En sortant, LLuis lui dit :

- Tu sais, on est aussi marié qu'en rentrant.

Ce n'était pas un mariage, mais une reconnaissance d'identité pour tous ceux qui avaient perdu leurs papiers. Lorsque le père de Mercedes s'approcha pour les féliciter, LLuis le coupa dans son élan :

- Je vous avertis qu'on n'est pas marié.

- Vous avez pensé que vous étiez mariés, vous n'avez qu'à continuer comme ça et faire comme si vous l'étiez.

Mercedes, elle, se sentait unie à LLuis par les liens du mariage. Et cette seule pensée suffisait à la rendre heureuse.

Leur joie fut de courte durée.

Quelques semaines plus tard, LLuis reçut un télégramme de sa mère lui annonçant la mort de son frère Julio, âgé de cinq ans. Il y avait juste écrit « Julio décédé, enterrement après-demain ». LLuis sentit ses jambes se dérober sous ses pieds. L'angoisse envahit sa poitrine et une multitude de questions se bousculèrent dans sa tête. Quand est-il décédé ? Ce n'était pas précisé dans le télégramme. Et de quoi ? Comment vont les parents ?

Il partit dès le lendemain à Orléans en zone occupée, rejoindre ses parents et ses frères et sœurs. Son père s'était vieilli à la frontière pour déclarer quelques années supplémentaires et ne pas être séparé de sa femme et de ses enfants.

LLuis avait obtenu sans difficulté un ausweis (laissez-passer) auprès de l'administration allemande, car le télégramme envoyé par sa mère avait été certifié conforme par la mairie du lieu d'expédition. En outre, il avait droit à un billet de train gratuit de la compagnie dans laquelle il travaillait.

Au camp d'Orléans, dix-sept baraques avaient été montées sur plus de deux hectares de terre avec dans chacune d'elle un poêle à bois qui ne suffisait pas. Pour se protéger du froid, les réfugiés avaient colmaté les fenêtres dont les carreaux étaient cassés avec quelques haillons sales. La nuit, ils s'allongeaient sur leurs paillasses et se glissaient sous les couvertures qu'ils avaient apportées avec eux. Les quelques louches de soupe qu'on leur distribuait dans la journée n'étaient pas suffisantes. Les enfants malades toussaient, certains se grattaient la peau jusqu'au sang, le manque d'hygiène puisque le camp ne possédait ni douche ni toilette avait fait apparaître des affections de peau.

A son retour, il raconta à Mercedes comment son frère avait succombé de la diphtérie dans les bras de sa mère, parce que le responsable du camp avait refusé d'appeler le médecin, invoquant qu'il n'avait pas de fièvre. Julio était mort dans la nuit. Sa mère s'était effondrée. Le père silencieux promenait autour de lui un regard vide.

La mère qui savait que son fils avait besoin d'un médecin, avait supplié, avait pleuré, avait hurlé et menacé. Elle s'était heurtée à l'intransigeance d'un homme qui avait disposé de la vie de son fils, un homme dont le pouvoir l'avait privé de son enfant sans qu'elle n'y puisse rien. Elle répétait sans cesse « je n'ai pas pu sauver mon fils, je n'ai pas pu sauver mon fils ».

Quinze jours plus tard, LLuis reçut un second télégramme de sa mère, toujours certifié conforme par la mairie du lieu d'expédition. Il saisit l'enveloppe dans la main, c'était la même enveloppe, le même type de télégramme que celui qui l'avait informé du décès de son petit frère. Il s'assit sur une chaise, son sang avait quitté ses veines. Il ne pouvait pas l'ouvrir. Il fit un effort pour se ressaisir, détacha, en essayant de contrôler le tremblement de ses mains, les bords du papier, puis prenant une profonde inspiration lut les quelques lignes qui lui annonçaient avec la même brutalité, et la même informalité le décès de sa sœur Joséphine âgée de huit ans.

Ce n'était pas possible.

Il se précipita à l'administration allemande qui lui refusa le laissez-passer, invoquant que deux morts à quinze jours d'intervalles dans sa famille étaient suspectes et que ce télégramme était un faux.

LLuis se défendit :

- Vous ne voulez pas me faire les papiers, ne vous tracassez pas, je monterai dans le train

- Mais vous serez refoulé et ce sont les gendarmes qui vous ramèneront !

- Cela m'est égal. Vous me laissez monter dans le train et je m'occupe du reste.

LLuis ne pouvait abandonner ses parents face à cette nouvelle épreuve. Peu importe ce que cela lui coûterait. Il aurait donné n'importe quoi pour être près d'eux. Non seulement il voyagea sans laissez-passer, mais aussi sans billet faute de pouvoir se le payer.

Il savait que s'il se faisait arrêter par la gendarmerie il risquait huit à quinze jours de prison. Mais qu'est-ce que représentaient quinze jours dans la vie d'un homme quand sa sœur et son frère n'en avaient plus ?

Il ne fut pas contrôlé et rejoignit Orléans sans anicroche.

Ses parents l'attendaient pour l'enterrement de la petite qui s'était fait écraser par un camion dans le camp.

Après les funérailles, il se débrouilla pour rentrer à Poitiers avec l'aide du parti communiste d'Orléans qui lui procura tous les documents nécessaires.

Lorsqu'il arriva au baraquement à Poitiers, c'était l'effervescence. Quelques hommes s'étaient rassemblés et parlaient fort en gesticulant de colère et d'impuissance. LLuis s'approcha d'un des hommes qui observait la scène :

- Que se passe-t-il ?

- Ce sont les hommes qui travaillent dans les mines de charbon Montenay. Ils ne sont pas contents parce que leurs noms ne figurent jamais sur la liste de ceux qui sont rémunérés.

- Comment ça ?

- Lorsqu'ils arrivent à la mine, ils doivent consulter une liste. Ceux, dont les noms sont inscrits sont payés, les autres, qui sont quand même plus de la moitié, doivent travailler gratuitement.

- C'est inadmissible !

- Oui c'est pour cela que Manuel aujourd'hui, lorsqu'il a vu que son nom n'était pas inscrit, il s'est énervé. Il a arraché la liste puis a agrippé le gars qui s'en occupe et lui a dit : « demain, je veux que mon nom soit sur la liste ! »

Et alors que les travailleurs retournaient à la mine le lendemain où dorénavant leurs noms étaient écrits sur la liste de ceux qui étaient payés, LLuis repartait avec la compagnie de travailleurs étrangers au montage des baraquements.

A la pause du déjeuner, l'officier allemand qui supervisait le chantier s'approcha de lui, impressionnant, droit, d'un pas cadencé martelant le sol, puis le dévisageant derrière son monocle s'adressa au capitaine de l'équipe :

- Cet homme s'est battu contre Franco, il n'aura pas de travail chez nous.

Plus tard, dès qu'il tourna les talons, le capitaine le rassura :

- Ne t'inquiète pas, je vais t'envoyer ailleurs, et dès que tu seras repéré, tu iras encore ailleurs.

Il termina néanmoins son casse-croute parmi quelques jeunes Allemands lorsque l'un d'eux ayant entendu la conversation s'adressa à lui dans un français rudimentaire :

- Anglais pas corrects, boum, boum Cologne.

LLuis lui répondit du tac au tac, entre deux bouchées, et dans un français rudimentaire volontairement imité :

- Allemands pas corrects, boum, boum Barcelone !

L'allemand se mit à rire et tourna les talons.

Les réfugiés espagnols qui avaient fui la dictature de Franco, avaient rejoint un pays qui souffrait également de la guerre et où il fallait se cacher, et se battre pour survivre. Nombreux sont les Espagnols qui étaient faits prisonniers.

En zone occupée, les Allemands tentaient de repérer les Espagnols rouges. Ils avaient reçu des ordres, semble-t-il, du plus haut niveau, de les expédier dans les camps de la mort. Le nouveau gouvernement espagnol disposait d'appuis du gouvernement de Vichy et des autorités d'occupation. Ces transferts correspondaient à des représailles contre tous les anciens combattants rouges d'Espagne.

Beaucoup d'Espagnols choisirent de reprendre le combat au côté des soldats français pour libérer la France, dans l'espoir de libérer ensuite l'Espagne de la tyrannie franquiste.

LLuis, en zone libre, avait d'autres préoccupations, sa seule ambition était de protéger sa famille de la faim, et se faire oublier en attendant la fin de la guerre, son seul combat, reconquérir l'Espagne.

Lorsqu'il rentra au baraquement, il informa Mercedes qu'il était temps de lui présenter ses parents. Il lui fallait obtenir un laissez-passer pour se rendre à Perpignan où se trouvait le reste de sa famille depuis que ses parents et ses frères et sœurs avaient fui le camp d'Orléans en zone occupée. Ils n'avaient pas supporté la surveillance constante et multiple dont ils avaient fait l'objet de la part de l'Etat français, des représentants franquistes et des autorités allemandes. Ils avaient eu peur de figurer sur les listes des réfugiés espagnols rouges, ceux dont on disait qu'ils étaient des assassins de curé et des brûleurs d'église, sur la liste que les préfets étaient chargés d'établir à la demande des autorités allemandes. L'Espagne franquiste s'était rapprochée des autorités allemandes pour obtenir l'extradition de ses ennemis. C'est ainsi que quelques anciens dirigeants avaient été livrés au gouvernement de Madrid pour y être exécutés.

Après avoir fui l'Espagne de Franco, après avoir parcouru tant de kilomètres à pieds, les parents de LLuis, comme de nombreux Espagnols, avaient dû à nouveau fuir la France pour la France, suivre cette marée humaine de gens qui avaient quitté leur maison, leur ville, par peur des bombardements, chargés comme des mulets, derrière leur carriole, eux, avec leur petite valise à la main. Ils avaient rejoint la route nationale où des véhicules de toutes sortes s'étaient engouffrés, des voitures, des camions, chargés de meubles et de matelas, des bicyclettes et les attelages des paysans qui avaient abandonné leur ferme avec leurs troupeaux. Ils auraient pu s'arrêter à Poitiers, mais craignant de ne pas retrouver leurs enfants, ils avaient continué à suivre le long cortège de réfugiés, aux côtés des républicains espagnols qu'ils connaissaient depuis l'Espagne et avec qui ils se sentaient un peu en terre connue. Tous les espoirs qu'ils avaient mis dans ce nouveau pays venaient de leur prendre aujourd'hui deux de leurs enfants. Ils n'étaient plus capables de réfléchir, seul fonctionnait leur instinct de survie. Il fallait continuer pour les autres, pour les enfants qui restaient et qui comptaient sur eux. Il fallait vivre. Ils se fondirent alors dans la marée humaine, résignés, dans une tristesse qui n'attend aucun espoir comme s'ils assistaient à la scène en simples spectateurs. Ils avaient pris la route sans savoir vraiment où elle les mènerait. Ils verraient bien. Fuir la mort, les bombardements. Mais quand cela finira-t-il ? Ils avaient marché d'Orléans jusqu'à Perpignan où ils étaient arrivés, en sueur, sales et épuisés.

Puis ils avaient signalé leur position à l'aide de cartes postales censurées dites « familiales » qui étaient déjà écrites et dont il fallait simplement rayer la mention inutile.

Les familles ne disposaient que de treize lignes pour savoir, treize lignes pour avoir des nouvelles des leurs.

Le….. 194…

En bonne santé… fatigué,

Légèrement, gravement malade, blessé

Tué……………prisonnier

Décédé………..sans nouvelles de

La famille………..va bien

Besoin de provisions………d'argent

Nouvelles, bagages………est de retour à

Travaille……………..va rentrer de l'école de

A été reçu…………aller à ……..le

…………………………………

Affectueuses pensées, Baisers………signature

Treize lignes pour annoncer le malheur avec une informalité et une brutalité déconcertantes.

Au moment de remettre le laissez-passer à LLuis et Mercedes, l'officier d'état s'insurgea :

- mais vous n'êtes pas mariés ?

Il hésita puis reprit :

- Je m'en fous que tu sois avec une femme. Bon je fais quand même les papiers.

A Perpignan, Mercedes fit la connaissance de la famille de son mari qui avait beaucoup de mal à survivre dans cette région, livrée à elle-même, où le travail se faisait rare.

La région plut immédiatement à Mercedes qui y retrouvait le relief, les arbres et le climat de sa Catalogne natale. Les champs d'abricotiers à perte de vue, les oliviers qui se tordaient vers le ciel azur, et tous les lauriers roses et genêts qui longeaient la route lui réchauffèrent le cœur.

Elle voulut voir la mer qui lui manquait tant.

Quelques minutes plus tard, Mercedes qui avait choisi le plus beau rocher pour s'y installer confortablement dans les bras de LLuis, se laissait envahir par le bien-être immense que lui procurait l'air marin vivifiant, l'air marin régénérant. Elle inspirait profondément, à pleins poumons en gonflant sa cage thoracique au maximum, puis expirait lentement, comme quelqu'un qui a manqué d'oxygène.

Elle se remplissait du bleu profond, du bleu immense qui s'offrait à elle en scintillant et qui la colorait à l'intérieur pendant que le soleil lui caressait le visage. Elle se gorgeait de toutes ces sensations qui faisaient remonter les souvenirs de son enfance, se nourrissait par les yeux, le nez et les pores de sa peau grands ouverts, des vagues qui s'approchaient du rivage dans un doux murmure et parfois plus brutalement, du vol d'une mouette au-dessus d'eux. Elle faisait le plein de ces sensations pour les graver au fond d'elle et les ramener comme le plus précieux des trésors.

- Je resterai bien ici, cela ressemble au pays, et en plus ce serait plus facile pour nous, ils parlent le catalan.

- Peut-être que c'est joli, mais ma famille meure de faim. Il n'y a pas de travail ici. Il n'y a pas mieux que Poitiers.

Et comme il pensait qu'il n'y avait pas mieux que Poitiers, il proposa à ses parents de venir vivre chez eux.

« Je vous assure que vous trouverez plus facilement du travail à Poitiers ».

Il leur disait que la qualité de vie y était meilleure.

De retour à Poitiers, Mercedes rencontra un clerc de notaire à la retraite qui aimait beaucoup les Espagnols et qui sur le camp, apportait son aide juridique aux réfugiés qui en éprouvaient le besoin. Elle en profita pour lui parler de son problème de mariage.

-Tu veux te marier, je vais t'aider petite. Il y a beaucoup de choses pour lesquelles je peux t'apporter mon aide. Je vais te dire ce qu'il faut que tu fasses.

Ce fut des démarches interminables, des papiers à n'en plus compter, qu'il fallait faire signer à ses parents parce qu'elle n'était pas majeure, il fallait se déplacer à la préfecture dans le service des étrangers et comme elle ne parlait pas très bien français et qu'elle ne comprenait pas toujours tout, c'était pour elle, un vrai parcours du combattant. Mais à force de patience et d'obstination, Mercedes annonça à LLuis un an après qu'ils pourraient se marier.

Les autres réfugiés qui avaient cru eux aussi s'être mariés sur un malentendu ne comprenaient pas l'obstination avec laquelle Mercedes avait fait ces démarches. Eux n'avaient pas éprouvé le besoin de légaliser officiellement leur union.

Le mariage eut lieu le 8 septembre 1941. Un an et huit jours après leur faux premier mariage. Pourtant, pour Mercedes, ce mariage officiel n'était qu'administratif. Son cœur, lui, s'était engagé un an plus tôt.

Ce fut rapide. Mercedes Luesma entra dans la mairie de Poitiers accompagnée de ses parents puisqu'elle était mineure, vêtue de sa robe rose préférée qu'elle portait déjà à son premier mariage, chaussée de son unique paire d'escarpins achetée à Caldetas.

LLuis se présenta accompagné de deux témoins qu'ils avaient choisis parmi les réfugiés du camp. Ils n'avaient pas d'alliance parce qu'elles coûtaient trop cher mais comme LLuis savait que Mercedes y accordait de l'importance, il lui dit : je t'achèterai une belle alliance, tu verras. Quand tout ira mieux.

LLuis par contre n'avait pas besoin d'alliance, tout comme il n'avait pas besoin du mariage pour se sentir engagé à la femme qu'il aimait. Il s'était marié uniquement parce que c'était important pour Mercedes.

En sortant, Madame Nadal invita son mari, sa famille et ses témoins à aller boire un verre pour fêter l'événement à la terrasse d'un café situé place d'armes.

Quelques semaines plus tard, la famille quitta le camp qui de centre d'internement, devenait un camp de concentration entouré d'épais barbelés dans lequel fut internés quelques mois plus tard le peuple tsigane, puis le peuple juif, et les prisonniers politiques, dans les conditions dramatiques que l'on sait. Il restait encore alors une trentaine de réfugiés républicains espagnols.

Les parents de Mercedes avaient loué trois pièces (deux chambres et une cuisine) dans une grande maison de ville rue Jean Bouchet, non loin du centre-ville. La famille était satisfaite, car tout le monde ne louait pas aux Espagnols.

Les commodités étaient dans la cour. Les hommes dormaient dans une pièce, et les femmes dans l'autre alors LLuis et Mercedes se trouvaient à nouveau séparés pendant la nuit qui réveillait les démons endormis le jour pour les mettre en scène dans les rêves de chacun, agitant leur sommeil de bombes et de peur, pour les années à venir.

La journée, les enfants travaillaient et partageaient leur paie pour faire vivre la famille et en particulier leurs parents qui n'avaient plus l'âge de travailler et aucun droit à la retraite en France.

Un matin, deux hommes sonnèrent à la porte.

C'était Angel accompagné d'un ami réfugié espagnol nommé Perfecto qui venaient de s'échapper du camp de Lorient.

La mère n'en croyait pas ses yeux. Elle embrassa son fils, qu'elle ne pouvait s'empêcher de toucher comme pour s'assurer qu'elle ne rêvait pas, qu'il était bien là devant elle, vivant. Il avait beaucoup maigri, et avait le visage ravagé par la fatigue et la faim, mais dans ses yeux brillait une lumière qu'elle n'était pas prête d'oublier.

-Vous devez avoir faim, asseyez-vous, dit-elle en les poussant dans la cuisine.

Les deux hommes prirent place l'un à côté de l'autre, sur un banc autour de la table. Angel laissait errer son regard à travers la pièce sommairement meublée, pendant que la mère déposait la casserole de soupe au pain devant eux.

Angel plongeait ses yeux tour à tour dans les yeux de sa mère, de son père, de ses sœurs, comme pour se rassasier de toutes ces années où il avait cru ne jamais les revoir, puis plongea le nez dans son assiette jusqu'à ce qu'il ne reste plus rien. Comme il avait encore faim, la mère fit à nouveau le tour de ses placards :

- Je n'ai plus rien, s'excusa telle.

Angel collait les miettes de pain qui se trouvaient sur la table sous ses doigts avant de les porter à la bouche, sous les regards de la mère, du père et de ses sœurs qui n'arrivaient pas à se détacher comme pour se convaincre que ce n'était pas un rêve.

Mercedes surprit sur le visage de Maria qui se comportait différemment en la présence de Perfecto, une lueur étrange, elle avait l'air intimidée, faisait des manières pour remettre ses cheveux en place.

Elle ne savait pas alors qu'elle venait de rencontrer l'homme avec qui elle se marierait le même jour que sa sœur Luisa.

LLuis veut quitter la compagnie de travail qui ne le paie pas. Il lui faut trouver un travail rémunéré pour louer un appartement avec Mercedes. Depuis leur mariage, ils n'ont pas eu l'occasion de dormir ensemble, de vivre leur amour en toute intimité.

Au camp, comme dans leur nouvelle maison, ils sont séparés chaque nuit, elle avec sa famille et lui avec les hommes.

Alors, il se rend à la préfecture pour demander la carte industrielle sans laquelle il ne peut obtenir le poste que le patron de la pile Leclanché, où travaillent Mercedes et ses deux sœurs, lui a promis. Mais la région qui manque de main-d'œuvre agricole, a ordre de ne délivrer que des cartes agricoles. LLuis s'entête :

- J'ai peut-être une tête de paysan, mais tout ce que je sais c'est que je n'irai pas travailler dans les champs.

Il repart en attendant réparer les routes avec la compagnie de travail, faute de mieux.

Et les deux époux à nouveau séparés reprennent leur correspondance.

Quelque temps après, il finit par accepter de rejoindre un ami réfugié dans le camp d'Orléans en zone occupée, qui lui avait trouvé un emploi, lui assurant qu'il lui ferait obtenir sa carte de travail dans l'industrie.

Sur le conseil de son ami, LLuis se rendit devant l'officier du camp qui délivre les cartes de travail, mais se heurta à nouveau à un refus. Ne comprenant pas, il rejoignit son ami qui lui répondit :

- J'ai oublié de te dire qu'il faut que tu lui donnes un billet de 500 francs.

Il retourna dès le lendemain réitérer sa demande en tendant à l'officier un journal dans lequel il avait inséré un billet. Mais l'officier qui l'avait reconnu le repoussa d'un signe négatif de la tête auquel LLuis répondit :

- Monsieur, je pense que vous n'avez pas bien regardé.

L'officier prit alors le journal et apercevant le billet de 500 francs, le fit glisser discrètement dans le tiroir :

- Pas de problème, vous aurez vos papiers.

Sa carte industrielle en poche, LLuis obtint le travail que son ami lui avait trouvé. Il attendit de toucher sa première paie pour écrire une carte à Mercedes et lui annoncer la bonne nouvelle :

Adorada nena,

J'espère que tu vas bien. Tu ne peux pas savoir le bien que m'a fait ta lettre.

Je peux t'assurer que je serai avec toi samedi prochain et avec un peu de chance un peu avant.

Tu peux aller louer la maison que nous avons visitée et quand je serai là, nous règlerons tout.

Ces occasions il faut les saisir et en profiter dès qu'elles se présentent.

Aussi j'espère qu'à mon arrivée, tu l'auras obtenue.

A samedi, je t'envoie par avance mille milliers de baisers que tu devras me rendre avec soixante pour cent d'intérêts.

Tu esposo que te adora.

Ils emménagèrent ensemble dans un petit appartement rue de la Bretonnerie, une rue derrière la maison dans laquelle s'étaient installés les parents de Mercedes.

La propriétaire qui était une voisine avait loué à Mercedes deux pièces à l'intérieur d'une grande maison sur trois étages. Pour les meubler, LLuis avait fabriqué une table et des bancs avec des planches de récupération et avait, avec sa première paie, acheté une petite cuisinière à charbon et un matelas. Les commodités se trouvaient dans la cour et il n'y avait pas de salle de bain, mais c'était bien assez pour eux deux. Ils allaient enfin profiter de leur vie de couple.

Mercedes avait également loué un petit jardin au bord des grottes de La Norée qu'elle avait bien l'intention de transformer en potager pour assurer leur subsistance en légumes et fruits frais.

Lorsqu'elle y emmena son mari muni d'une fourche et d'une bêche pour réaliser les travaux de labour, LLuis qui n'était pas jardinier dans l'âme, mais qui pour faire plaisir à sa femme l'avait suivie, s'arrêta au bord du terrain et le contempla longuement. Il était évident qu'il était à l'abandon depuis longtemps, la terre sèche et tassée crevassait par endroit, là où les herbes folles et mauvaises n'avaient même pas la force de pousser.

Il enfonça difficilement sa fourche dans la terre dure comme du béton, et se retourna vers sa femme qui le regardait travailler :

- Hors de question, la terre est trop dure, on s'en va !

- Comment ça on s'en va ? Non tu vas continuer ! Maintenant que nous l'avons loué, il faut que nous le cultivions.

- Bon si tu le dis.

Et LLuis retourna carré de terre après carré de terre, soufflant de fatigue et de lassitude. Il s'arrêtait par moment, essuyait la sueur qui coulait de son front et regardait sa femme dans l'espoir qu'elle revienne sur sa décision. Mercedes compatissait devant son effort, mais pas suffisamment pour y mettre fin.

Lorsque le terrain fut bêché et ratissé, ils semèrent plusieurs variétés de légumes et de fruits. C'était le printemps et le bon moment.

Malheureusement, c'était sans attendre les gelées tardives du mois de mai français qui détruisirent tous les fruits de leur labeur.

Devant le carnage, LLuis soupira :

- c'était bien la peine, tant d'efforts pour cela. En Espagne, il ne gèle pas au mois de mai.

Ils n'avaient pas tenu compte de la différence de climat.

Pendant deux ans, LLuis fit la navette entre Orléans et Poitiers, ne rentrant à la maison que certains samedis pour retrouver Mercedes.

Et chaque lundi lorsque LLuis repartait, Mercedes faisait venir sa sœur Luisa pour lui tenir compagnie pendant la semaine et parce qu'elle avait peur. Elle ne se sentait pas en sécurité dans ce pays qu'elle connaissait à peine, loin de ses repères. Elle avait peur lorsque quelqu'un frappait à la porte, elle avait peur lorsque la nuit tombait, elle avait peur de faire des cauchemars, peur de l'imprévu, peur de la guerre.

Mercedes avait peur de l'avenir.

La sortie d'Orléans devenait de plus en plus difficile pour LLuis. Dès que l'Etat français commettait une erreur, les Allemands fermaient la ligne de démarcation. Les prétextes ne manquaient pas et les fermetures, qui devenaient un moyen de chantage, étaient de plus en plus longues. En empêchant la libre circulation des trains et des marchandises d'une zone à l'autre, les Allemands avaient le pouvoir d'étouffer l'une ou l'autre zone. Le panneau « Barboten » était de plus en plus présent, le camp fut entouré de barbelés.

LLuis vit le moment où il se trouverait prisonnier, il avertit ses frères :

- Vous faites ce que vous voulez, mais moi je m'en vais. Un de ces jours, nous allons nous retrouver enfermés. Je m'en vais à Poitiers, à pied, comme je pourrai, mais je pars demain.

Et c'est ce qu'il fit.

Le camp d'Orléans quelques semaines plus tard devenait un camp de concentration où furent détenus le peuple tsigane puis le peuple juif avant d'être déportés dans les camps d'extermination.

Avec sa carte industrielle en poche, LLuis enchaîna les emplois. Il travailla à la reconstruction des routes qui avaient été bombardées puis aux routes économiques, une entreprise de travaux publics.

Debout

Mercedes annonça à LLuis qu'elle était enceinte. Sa première réaction après la joie que lui procurait cette bonne nouvelle fut de lui demander d'arrêter de travailler pour élever son enfant. Il ne vint pas à l'esprit de Mercedes de savoir ce qu'elle souhaitait, elle, puisqu'en France, elle ne pouvait travailler sans l'autorisation de son mari.

Elle quitta son emploi.

Ils choisirent ensemble le prénom que porterait l'enfant, LLuis, pour un garçon et Mercedes, pour une fille.

Lorsqu'elle ressentit les premières contractions, LLuis l'accompagna sans attendre pendant les six cents mètres qu'ils devaient parcourir à pied jusqu'à la maternité, soutenant sa femme d'un bras, et la valise de l'autre. Comme Mercedes avait travaillé avant sa grossesse donc suffisamment cotisé, elle eut le droit d'accoucher en deuxième classe. Pour les plus privilégiées, il existait la première classe, la troisième classe et la salle commune étaient attribuées aux plus défavorisés qui pouvaient se retrouver jusqu'à douze par chambrée.

Lorsque Mercedes entra en salle d'accouchement, LLuis attendit dehors. Les hommes n'ayant pas le droit d'assister à la naissance de leur enfant, il resta derrière la porte à entendre les cris de douleurs que sa femme ne pouvait retenir, faisant les cent pas et fumant cigarette sur cigarette pour calmer son angoisse.

Mercedes souffrait tellement qu'elle pensait qu'elle allait mourir. Ce n'était plus des cris qu'elle poussait, mais des râles d'animaux qui s'échappaient malgré elle. A chaque contraction, son corps se crispait et elle serrait de toutes ses forces la barre en fer sur le côté du lit. Elle ne pensait pas pouvoir survivre à une douleur si intense.

Aussi, lorsque la porte de la chambre s'ouvrit dix-huit heures plus tard sur la femme habillée de blanc accompagné de LLuis, Mercedes soulagée lui présenta son fils Louis.

La législation voulait que les enfants nés en France portent un prénom français. Ils n'avaient pas eu d'autre choix que de s'y conformer. Quant à eux, ils l'appelleraient LLuiset, qui signifie « petit LLuis » en catalan.

Devant la joie de son mari, Mercedes l'avertit :

- Tu vois, tu as un beau garçon, mais ce sera le seul. Cela fait trop mal.

Elle prit son enfant et le mit au sein. Ses seins gorgés de lait étaient durs comme de la pierre et lui faisaient horriblement mal. Le petit n'arrivait pas à téter.

Une religieuse de l'hôpital lui dit :

- Madame, il y a beaucoup de femmes ici qui n'ont pas de lait. Et vous, vous en avez trop. Ce serait bien de le donner aux autres enfants de la maternité, en plus cela vous soulagera.

Mercedes accepta et la religieuse revint plusieurs fois par jour avec une tireuse à lait.

Cet instrument de torture lui abîma les seins qui ne se désengorgeaient pas. Au contraire, plus elle tirait de lait, et plus ses seins en fabriquaient, plus ils se remplissaient.

Lorsqu'elle sortit dix jours plus tard, ses seins crevassés et meurtris rendaient les moments de tétée éprouvants. Si bien que, chaque fois que son fils tirait sur son sein endolori, elle fermait les yeux courageusement pour retenir ses larmes. Ensuite, elle le couchait dans le berceau à côté de son lit que LLuis avait confectionné, puis s'endormait.

Deux mois plus tard, lorsque Mercedes découvrit qu'elle était de nouveau enceinte, ce fut un choc. C'était bien trop tôt, elle n'était pas prête à revivre la douleur de l'accouchement alors qu'elle n'était pas encore sortie de sa première grossesse avec ses seins gorgés de lait. Elle avait récupéré sa silhouette mince et élégante en quittant la maternité, et avait rangé ses vêtements amples dans un coin pour, avait-elle pensé, un bon moment. En dépit de l'anémie qu'on lui avait diagnostiquée après la naissance de LLuiset, une anémie qu'elle attribuait plutôt à l'alimentation restreinte et au manque de viande qu'elle avait dû supporter pendant la guerre, puisque la grossesse ne l'avait pas rendue malade, envisager une autre grossesse était au-dessus de ses forces.

Un soir après le travail, LLuis trouva sa femme dans le fauteuil qui donnait le sein à son fils, il remarqua son trouble et ses yeux rougis par les larmes.

Il s'assit et attendit en silence.

Lorsqu'enfin Mercedes redressa son fils pour lui permettre de faire son rot, le petit se mit à vomir du lait et du sang.

LLuis se leva d'un bond, écarta le chemisier de sa femme et découvrant ses seins meurtris.

- Tu ne peux pas rester comme ça ! On va aller voir le médecin et tu vas arrêter de lui donner le sein. On lui donnera le biberon.

Mercedes approuva avec soulagement la prescription de compresses et le traitement du médecin pour couper le lait.

LLuis n'avait pas attendu pour descendre la rue, à deux maisons de chez lui, pour commander des biberons à la goutte de lait, une organisation tenue par des religieuses qui se chargeaient de les préparer les à la dose nécessaire selon le poids de l'enfant, de les apporter au domicile des parents le matin, et de reprendre les flacons vides le soir.

A son retour, Mercedes lui annonça d'une voix grave qu'elle était à nouveau enceinte.

En dépit de la joie qu'il ressentait, LLuis devant le visage contrarié de sa femme ne dit rien. Il acquiesça silencieusement d'un signe de tête, l'embrassa sur le front et sortit de la pièce.

La petite Mercedes que ses parents surnommèrent Mercedita vit le jour le 7 octobre 1943 dans la douleur. La religieuse colla immédiatement l'enfant au sein de sa mère sans lui demander son autorisation. Mercedes qui n'avait pas eu le temps de réagir, se raidit brusquement puis peu à peu, se détendit, surprise et soulagée de ne pas avoir mal.

Lorsqu'elle rentra chez elle, dix jours plus tard avec sa fille, la maison était pleine de monde. LLuis donnait des cours de français et d'espagnol aux réfugiés espagnols illettrés qui savaient que leur intégration ne pouvait se faire sans la maitrise de la langue et de l'écriture.

LLuis écrivait parfaitement le castillan et bien qu'il n'ait pas eu la chance de fréquenter l'école très longtemps, sa soif de savoir, sa nature curieuse et passionnée l'avaient conduit à apprendre seul. Il pensait que la liberté de l'homme passait par l'instruction et le savoir. Il pensait que plus les gens seraient instruits plus ils comprendraient l'absurdité de la religion et moins ils en auraient besoin. Ces cours étaient aussi pour lui le moyen de perpétuer l'idéal pour lequel il s'était battu en Espagne puisque la lutte contre le franquisme avait été menée au nom de la défense de la culture. Il avait ressenti la nécessité intellectuelle et morale de poursuivre la vie culturelle de la République qu'il avait défendue, une république qui avait mené un travail important en matière d'enseignement, un travail qu'il fallait maintenir afin de nier la défaite et rendre moins difficile la réalité de l'exil.

Avec le parti communiste espagnol et plusieurs réfugiés du camp, il organisa une kermesse au parc de Blossac pour récolter des fonds au profit des Espagnols dans la misère ou qui avaient été fait prisonniers. Les femmes confectionnaient des pâtisseries, des crêpes, d'autres réalisaient des napperons en dentelle, des jouets en bois et toute sorte d'objets à vendre.

Les gens vinrent nombreux et la kermesse fut une réussite.

Un après-midi, alors que Mercedes finissait de laver du linge dans l'évier pendant que les petits dormaient tranquillement dans leur chambre, elle entendit quelqu'un frapper à la porte. Elle suspendit un instant ses gestes, releva la tête en direction de la porte d'entrée : les coups redoublèrent plus fortement. Elle avait bien entendu. Elle s'essuya les mains sur un torchon puis se dirigea le cœur battant vers la porte, en se demandant qui pouvait bien la déranger à cette heure de l'après-midi.

Les parents et les cinq frères et sœurs de LLuis étaient là dans leurs vêtements froissés, avec leurs valises posées à leurs pieds. Elle embrassa leurs visages pâles et fatigués dans lesquels brillaient le soulagement et la satisfaction de la voir.

- LLuis está aquí ? demanda la mère.

- Non il travaille. Il ne rentrera que ce soir. Mais entrez ! Entrez ! Asseyez-vous.

Le soir, LLuis qui était heureux de recevoir ses parents et ses frères et sœurs libéra une des deux pièces qu'ils occupaient pour leur faire de la place.

Mercedes, LLuis et leurs deux enfants, dont la petite Mercedes qui n'avait que quinze jours, se serrèrent du mieux qu'ils pouvaient dans la seconde pièce.

Ils vécurent ainsi les uns sur les autres jusqu'à ce que les deux autres locataires de la maison libèrent deux pièces supplémentaires.

Et alors qu'ils savouraient ce nouvel espace, l'arrivée de Vicente un des frères de LLuis les obligea à se serrer à nouveau. Vicente arrivait du camp de concentration de l'ile de Guernesey où il avait été envoyé avec d'autres républicains espagnols pour y couler du béton, après la rafle au camp de travailleurs de Vernantes.

A treize ans, la petite Montserrat ne se doutait pas qu'elle venait de faire la connaissance de son futur mari.

C'était la guerre, la nourriture était rationnée, et comme les Français, les Espagnols restaient de longues heures dans les files d'attente pour obtenir un peu de lait, à la seule différence que lorsqu'arrivait enfin leur tour, ils s'entendaient dire parfois :

- Les étrangers après. Les Français n'ont pas tous été servis, vous devez refaire la queue depuis le début.

Et quand ils essayaient de se défendre, la réponse si facile, si prévisible fusait :

- Si vous n'êtes pas contents, retournez avec Franco !

Face à cette impuissance, ils refaisaient la queue, des heures durant jusqu'à ce qu'il n'y ait plus rien, et repartaient les mains vides.

Mercedes prit conscience de ce qu'était la vie d'émigrés, une vie difficile dans laquelle elle s'efforçait de s'intégrer, une vie difficile parce que pour les autres, elle serait toujours une étrangère.

Ils n'étaient pas chez eux. Ils n'avaient plus de chez eux. Que le pain de l'exil avait un goût amer !

Ce genre d'humiliations était difficile à vivre.

Un jour LLuis avait réussi à obtenir une carte supplémentaire par l'intermédiaire d'un ami, qui leur permettrait de doubler leur ration de lait pour les enfants. Lorsque Mercedes vint faire ses courses le lendemain, elle remit discrètement à l'épicière la seconde carte, mais l'épicière ne lui délivra qu'une seule ration. Mercedes le lui fit remarquer timidement :

- Vous avez oublié quelque chose…

- Qu'est-ce que j'ai oublié ? Où vous croyez-vous ?

Cria l'épicière en rangeant la carte dans le tiroir.

Mercedes sentit alors son sang quitter ses veines. Les gens derrière elle dévisageaient la voleuse, certains avec un air outré, d'autres avec mépris.

Une voleuse qui enlevait le pain de ceux qui avaient eu l'extrême bonté de la recevoir.

Elle s'était pourtant entendue avec l'épicière la veille, qui lui avait certifié qu'elle accepterait la seconde carte sans problème. Elle ne comprit pas pourquoi, cette femme n'avait pas tenu sa promesse et pire encore pourquoi elle l'avait humiliée publiquement. C'est vrai que Mercedes aurait pu aller en prison si elle avait été surprise avec une carte qui ne lui appartenait pas. Les vraies cartes volées dans les mairies étaient payées plus cher que les fausses cartes imprimées qui inondaient le marché noir et qui étaient plus facilement reconnaissables par les commerçants. Les gens qui l'utilisaient risquaient un mois de prison s'ils étaient démasqués, tout comme les commerçants qui l'acceptaient d'ailleurs. Les Français se montraient méfiants tant la répression était forte. Les contrôleurs de plus en plus nombreux n'hésitaient pas à se faire passer auprès des commerçants pour le père de trois enfants affamés, profitant de sa compassion pour obtenir quelques rations supplémentaires de pain, avant de sortir leur carte de contrôleur avec un air de revanche.

Lorsque Mercedes quitta le magasin, elle redressa la tête et drapée dans sa dignité ignora les regards réprobateurs des gens autour d'elle. Heureusement, elle savait que si des gens profitaient du peu de pouvoir qu'ils détenaient à mauvais escient, ce n'était pas le cas de tous, comme la boulangère d'en bas de chez elle, qui s'arrangeait toujours pour que sa famille ne manque pas de pain. Et ce sont ces gens-là, qui permettent de garder espoir en l'humanité parce qu'ils se sentent solidaires et concernés par l'autre.

La France était affamée et chacun se débrouillait comme il pouvait pour nourrir sa famille. La seule préoccupation alors était de manger. Des parents se mettaient à voler dans les magasins et les champs pendant que d'autres profitaient du marché noir et de la famine pour s'enrichir. Les difficultés de ravitaillement et la mauvaise qualité des aliments peu caloriques, le froid et la pénurie de charbon provoquèrent une recrudescence des maladies, particulièrement chez les nouveau-nés et les vieillards dont le taux de mortalité augmenta considérablement.

Maria venait de perdre sa petite fille âgée alors de quinze jours, qui était née rachitique.

Les gens luttaient pour la vie, et paradoxalement le nombre de décès par suicide chutait. Comme si tout d'un coup, devant la misère, ils prenaient conscience que la vie est importante, et relativisaient leurs problèmes personnels.

Poitiers se préparait au bombardement par les alliés que les nouvelles avaient annoncé pour le lendemain.

Les habitants fuyaient leur domicile dès lors qu'ils se trouvaient près d'un endroit stratégique, un pont, une gare, une caserne.

Les Allemands cherchaient de la main d'œuvre pour terminer en urgence leurs abris près de la gare.

Ils s'adressèrent à LLuis qui refusa immédiatement invoquant qu'il ne travaillait pas la nuit.

LLuis s'apprêtait également à quitter son domicile trop près du pont de la porte de Paris pour le refuge pendant la durée des bombardements. Leurs valises contenant le strict nécessaire étaient prêtes, posées au pied du lit.

À deux heures du matin, ce 13 juin 1944, le ciel illuminé comme en plein jour réveilla Mercedes. Elle regarda plus précisément par la fenêtre et aperçut des lumières rouges, vertes et jaunes qui brillaient dans la nuit.

Elle secoua LLuis brutalement :

- Regarde le ciel, je ne sais pas ce qui se passe, mais…

LLuis sauta de son lit, jeta un œil par la fenêtre, et tout en enfilant à la hâte ses vêtements, dit à sa femme avant de sortir précipitamment :

- Dépêche-toi, prends les enfants et descends à la cave, on n'a pas le temps d'aller au refuge.

Les murs tremblaient, les fenêtres se brisaient. Les sirènes retentissaient de toute part. Mercedes s'installa dans un coin de la cave, prit ses enfants dans ses bras et attendit dans un tumulte de bouteilles qui s'entrechoquaient et tombaient sur le sol. Elle vit arriver avec soulagement ses beaux-parents, les frères et sœurs de LLuis qui s'installèrent dans un autre coin, essoufflés.

Mercedes demanda au père de son mari :

- vous avez vu LLuis ?

- Oui, il est venu nous chercher et nous a dit de venir ici, qu'on n'avait pas le temps d'aller au refuge, ensuite il est parti.

Le ronflement des moteurs augmenta. Ils approchaient. Une première vague de bombes s'abattit sur la ville. Tous se recroquevillèrent la tête entre les jambes, Mercedes protégeait ses enfants de son corps. Elle s'efforçait d'afficher un sourire rassurant, chaque fois que les enfants levaient vers elle leurs grands yeux mouillés qui cherchaient à savoir s'ils avaient raison d'avoir peur, refoulant au plus profond d'elle-même cette affreuse angoisse qui lui tordait les boyaux. L'abri allait-il résister ? Bientôt un amoncellement de poussière et de débris pénétra dans la cave, les laissant tous blancs de poussière. Puis ce fut le silence. Le silence et l'attente. Un silence criard, une attente qui assèche les gorges qui retiennent leur souffle. L'angoisse se lisait sur tous les visages pâles et silencieux, dans tous les regards soudainement figés.

Une nouvelle vague s'abattit sur la ville et les enfants se remirent à pleurer. Alors tout en caressant leurs cheveux, Mercedes prit sa voix la plus rassurante :

- no pasa nada. Tout va bien. Nous sommes en sécurité ici.

Puis de nouveau le calme, l'attente.

Un bruit de pas résonna dans le couloir, la porte s'ouvrit, c'était LLuis.

- ça y est c'est fini, vous pouvez sortir.

LLuis était resté dehors parce qu'il fallait que quelqu'un puisse les retrouver et faire intervenir les secours si la cave avait été ensevelie.

Lorsque Mercedes posa les pieds dans la rue, elle ne reconnut plus son quartier aux maisons effondrées d'où s'échappaient des fumées blanches. Ses pas s'enfonçaient dans une épaisse couche de cendre qui lui montait jusqu'à la cheville, les gens criaient et les sirènes retentissaient de toute part.

Soudain, elle aperçut la fille de la voisine avec son petit frère de six mois dans les bras, qui hurlait, les yeux hagards :

- Vous avez vu mes parents, vous avez vu ma mère ?

Ses parents, ses grands-parents et sa sœur gisaient à côté d'elle sans vie.

Ils lui avaient crié avant que la bombe tombe :

- Ne va pas sous le pont, ne va pas sous le pont ! Sachant qu'il serait la cible des avions.

Mais la bombe avait raté son objectif et s'était abattue sur ses parents épargnant le pont sous lequel la jeune fille et le bébé s'étaient réfugiés.

Ils n'avaient pas eu le temps d'atteindre le refuge.

Les pompiers n'étaient pas assez nombreux pour éteindre les incendies qui fleurissaient de toute part. Les secouristes couraient dans les décombres pour tenter de dégager les victimes, souvent aidés de leurs proches.

Mais d'autres arrivaient ahuris, choqués, recouverts de cendre errant dans les ruines en demandant de l'aide pour retrouver, leur femme, leurs enfants, leurs parents.

Le quartier de la gare n'existait plus. Les abris des Allemands tout comme les ouvriers qui y travaillaient s'étaient volatilisés.

LLuis pensa qu'il l'avait encore échappé belle et qu'il serait mort s'il avait accepté le travail que les Allemands lui avaient proposé.

Comme la vie tient à peu de choses.

Ils regagnèrent lentement leur maison, en marchant précautionneusement dans les décombres. Les vitres avaient volé en éclat et une épaisse couche de cendre s'était infiltrée sur le sol et les meubles. Il n'y avait plus d'électricité ni d'eau. Il fallait trouver des planches en bois pour colmater les ouvertures.

Les jours qui suivirent, les bus et les trains ne circulaient plus et les gens marchaient parmi les gravats. Montserrat resta à la maison car l'école avait été bombardée.

Le charbon n'était plus livré.

L'odeur de fumée persista pendant plusieurs jours.

Le débarquement eut lieu en Normandie et en juillet 1944 LLuis partit à la frontière espagnole former les guérilleros dans l'espoir de libérer l'Espagne de Franco avec l'aide des Américains.

Bien qu'elle comprît les raisons de son départ et qu'elle les partageât, Mercedes eut peur de ne plus revoir son mari. Et s'il ne rentrait pas ? Mais elle ne lui dit rien de ses inquiétudes.

Le parti communiste espagnol avait, dès la fin de l'année 1941, sélectionné un certain nombre de militants issus de l'armée républicaine pour former des guérilleros dans le sud de la France. Dès 1942, le parti créa l'union nacional española qui rassemblait non seulement des communistes, mais aussi des Espagnols d'autres horizons politiques, des socialistes, des anarchistes afin de rejoindre la seule structure de lutte contre le nazisme pour organiser les bases d'une future armée espagnole.

Ces républicains espagnols apportèrent leur expérience de la lutte armée et leur volonté de poursuivre le combat qu'ils avaient commencé au-delà de la frontière. Ils participèrent aux combats contre les forces allemandes et vichyssoises gagnant l'estime des chefs de la résistance française et marquèrent également une série d'actions contre l'Espagne franquiste. Dans leur esprit, il ne faisait aucun doute que la bataille engagée contre le nazisme devait se poursuivre contre le régime franquiste.

Ils s'illustreront lors du débarquement en Normandie, en marquant une série de combats déterminants, munis de brassards aux couleurs de la République espagnole, et occuperont des locaux appartenant à l'Etat espagnol dont ils se sentent les légitimes représentants.

A Poitiers, Mercedes souffrait de l'absence de LLuis. Elle en avait assez de se poser les sempiternelles questions auxquelles elle n'avait pas de réponses, assez de s'inquiéter parce qu'elle n'avait pas de nouvelles de son mari. Et en plus elle n'avait pas ses règles.

Elle décida de sortir avec les enfants pour se changer les idées. La ville avait été dégagée des nombreux gravats qui la parsemaient et la circulation était plus aisée. Le repas terminé, elle quitta son tablier, ourla ses lèvres de rouge devant le miroir accroché au-dessus de l'évier de la cuisine et emprunta la rue de la Bretonnerie, en sens unique qui grimpait en serpentant jusqu'au centre-ville.

Elle aimait se rendre place d'armes, immense lieu de vie, bordé de cafés, de cinémas et du théâtre, où se déroulaient toutes les activités culturelles telles que les fêtes foraines et les spectacles de rue. Les gens s'y retrouvaient pour échanger quelques paroles avant l'embauche. Mercedes citadine dans l'âme les rejoignait pour se remplir des bruits et des mouvements de la rue, au milieu de la vie. Elle voulait profiter de la douceur de ce mois de septembre même si elle regrettait que LLuis ne soit pas avec elle le jour de son anniversaire.

A son arrivée, un peu avant 14 heures, des camions débarquaient sur la place d'armes et un homme en uniforme faisait descendre un des prisonniers. A la première détonation, Mercedes, s'arrêta subitement, terrifiée. Elle ne vit pas l'homme diriger sa mitraillette sur le camion et balayer tout l'intérieur. Elle ne vit pas le sang sortir des bâches et couler sur le sol. Elle ne vit pas le camion emprunter la rue Victor Hugo. Elle n'était pas avec les gens immobiles, atterrés, stupéfaits. Mercedes avait fait demi-tour dès qu'elle avait entendu la première rafale de balles.

Le lendemain, elle apprit dans les journaux qu'il s'agissait de soldats hindous de l'armée allemande qui avaient été faits prisonniers pour avoir commis les pires atrocités dans les Deux-Sèvres, la Vienne et l'Indre et Loire.

Au moment où les troupes battaient en retraite, certains éléments hindous s'étaient rendus spontanément, d'autres avaient été capturés pour être transférés comme ce jour-là, à la caserne de la Chauvinerie à Poitiers.

Une querelle raciste aurait, d'après la presse, éclaté à l'intérieur du camion qui se serait soldée par ce massacre sanglant.

A l'automne 1944, la reconquête de l'Espagne devait se faire par l'invasion du Val d'Aran dans les Pyrénées orientales, une région d'accès facile du côté français. De nombreux guérilleros se trouvaient en Espagne pour libérer une zone, et susciter un mouvement de rébellion. L'opération débuta le 19 octobre, quatre mille hommes dont LLuis faisait partie franchirent le Val d'Aran. Les troupes franquistes déjà en alerte les attendaient, puisque cette opération avait été médiatisée dans divers journaux et à la radio. La population locale effrayée ne réagit pas. Les guérilleros furent contraints de rebrousser chemin.

Le 29 octobre le plus gros des troupes s'était replié.

Lorsque LLuis comprit que les Américains ne libèreraient pas l'Espagne parce qu'ils s'étaient entendus avec Franco pour implanter leurs bases militaires en Espagne, il décida qu'il était temps après quatre mois d'absence de rejoindre sa femme et ses deux enfants. Il ignorait que Mercedes attendait le troisième.

Il était temps maintenant de s'intégrer, puisque leur vie était en France.

- Les Américains ne sont pas venus. C'est foutu, on va rester ici, annonça LLuis à Mercedes.

- Longtemps ?

- Au moins dix ans.

-Tu crois qu'on retournera un jour au pays ?

- Oui, on y retournera.

Au mois de mai suivant, lorsque Mercedes ressentit des contractions qui se faisaient de plus en plus fortes et de plus en plus rapprochées, elle réveilla LLuis.

Si l'enfant qu'elle portait était un fils, elle l'appellerait José comme son frère resté en Espagne.

- Il faut qu'on y aille. Je sens que l'enfant vient.

LLuis prit le bras de sa femme pour la soutenir pendant les six cents mètres qui les séparaient de la maternité, s'arrêtant à chaque contraction pendant que Mercedes lui cramponnait le bras, puis qui, lorsque la douleur se faisait insupportable lui broyait la main.

Mercedes, le visage fermé par l'inquiétude qu'elle sentait monter en elle, espérait ne pas souffrir autant que les autres fois.

Ce 4 mai 1945, alors que dans la rue, les gens hurlaient leur joie, dansaient et chantaient, Mercedes était allongée à la maternité aux côtés de sa fille Joséphine. C'était l'armistice et Mercedes cloitrée dans la chaleur de sa chambre ressentait toute la frustration de ne pas pouvoir partager la joie qui s'infiltrait par la fenêtre ouverte.

L'accouchement s'était bien déroulé. L'enfant était né dès son arrivée à la maternité lui épargnant de longues heures de souffrance. Cependant, elle devait rester dix jours, alitée à l'hôpital.

Maria qui venait de donner la lumière à son fils (dar a luz, en espagnol) choisit elle aussi de le prénommer comme son frère José.

Les journées de Mercedes étaient rythmées par les enfants qui ne lui laissaient plus une minute de répit. Outre, les nuits qu'elle passait sans dormir pour nourrir la petite dernière, il fallait se lever le matin pour s'occuper des deux autres, profiter de la sieste pour lessiver le linge dans le petit évier de la cuisine. Lorsque LLuis rentrait le soir, elle était épuisée et lasse de cette monotonie.

Pourtant, quelques jours plus tard, elle apprit une nouvelle qui allait la réjouir. La mère venait de recevoir une lettre de son frère José. Il écrivait qu'il avait la possibilité de venir une journée en France et leur donnait rendez-vous à Collioure. Toute la famille décida de se rendre à cette rencontre, les parents, Mercedes, ses frères et sœurs et ses enfants. Tous firent le voyage.

Lorsque la famille descendit du train, c'est un jeune homme de vingt-trois ans qui les attendait sur le quai de la gare. Un large sourire sur les lèvres, il se précipita, et tomba sans retenue dans les bras de la mère, des larmes de joie, de trop d'émotion noyaient son visage. La mère pleurait aussi en silence. José attendit de se ressaisir pour trouver la force de quitter les bras de sa mère. Il embrassa ensuite le père et ses sœurs.

La mère était heureuse. Elle regardait sa famille, comptait ses enfants.

Ils s'éloignèrent ensemble de la gare, et prirent place sur un banc qui se trouvait à proximité. Ils restèrent un moment silencieux, à se regarder. Les mots trop nombreux se bousculaient tellement dans la tête de José qu'il n'arrivait pas à les saisir. Lorsqu'il se mit enfin à parler, c'était de manière volubile, parce qu'il savait qu'il n'avait pas assez de temps pour remplir de mots toutes ces années de silence.

Il était retourné à Caldetas après la guerre, où il avait trouvé la maison vide. Les villageois l'avaient entièrement vidée le lendemain de leur départ. Il s'était fait héberger un temps par des villageois jusqu'à ce qu'il tombe amoureux d'une fille du pays qu'il avait épousée.

Il avait trouvé du travail avec son diplôme de chef de gare qu'il avait obtenu avant de combattre dans l'armée républicaine, mais n'obtint ni le grade ni le salaire correspondant à ses qualifications. Telle était la sanction de ceux qui étaient fichés comme républicains, telle était la sanction des rouges : ne pas être rétribué à sa valeur.

José avait trouvé la possibilité de passer en France, en empruntant la place d'un ami en tant que bagagiste dans le train qui allait jusqu'à Cerbère. Son ami lui avait rappelé une dernière fois :

- Tu me promets de revenir, si tu ne reviens pas ma vie est foutue.

Il raconta à sa famille (qui l'écoutait les yeux grands ouverts, avides de savoir ce qu'il avait vécu, mais aussi comment les gens vivaient depuis la guerre), combien la vie était difficile en Espagne, tant la répression était forte. Il leur décrivit combien les rouges vivaient dans la peur des représailles.

Lui-même avait longuement été interrogé par les franquistes qui voulaient savoir où se trouvait sa famille. Les gens du village qui l'avaient pourtant bien connu détournaient la tête sur son passage pour éviter de le saluer. Ils ne voulaient pas avoir à s'expliquer d'avoir salué un rouge.

José avait été puni lorsque certains du village avaient dénoncé ses parents qui avaient volé la charrette qui servait à transporter les ordures ménagères sur laquelle était écrit en gros Caldetas /Caldes d'Estrac, mais avait échappé à la prison. Ce ne fut pas le cas de bon nombre de républicains qui payèrent pour leur famille tout comme le frère de LLuis qui à l'âge de quinze ans fut incarcéré pendant sept ans pour purger la peine de sa famille réfugiée en France.

Ou comme d'autres qui tous les jours, devaient se présenter à la guardia civil matin et soir, pour rendre des comptes sur leurs déplacements, quand il ne leur fallait pas effectuer les travaux ou les nettoyages des églises en représailles.

Les instituteurs qui avaient lutté pour la République furent emprisonnés et démis de leur diplôme, beaucoup furent fusillés. Ils furent remplacés par d'autres instituteurs sans diplôme, mais adeptes de « l'ordre nouveau ».

Et nombreux sont les enfants qui durent quitter le chemin de l'école pour reprendre celui du travail dans les champs, commençant dès l'âge de six ans, leur journée de travail avec l'aube pour ne la terminer qu'avec le coucher du soleil, sans contrat de travail et pour un salaire de misère.

A Madrid, les habitants qui n'effectuaient pas le salut franquiste étaient arrêtés.

Tous les mariages civils furent annulés et on obligea les couples à se faire baptiser et à se marier religieusement.

Les gens vivaient dans la peur.

La religion devint obligatoire à l'école, et les gens devaient se rendre à la messe tous les dimanches.

La guerre d'Espagne avait fait plus d'un million de victimes en trois ans, 134 000 fusillés, des représailles non quantifiables, 630 000 morts de maladie et bon nombre de mutilés, d'handicapés, ou qui sont devenus fous de voir les leurs mourir sous leurs yeux. Plus de

500 000 espagnols s'exilèrent, près 2 millions remplirent les prisons. Le régime franquiste s'installait dans un pays ruiné, exsangue, terrorisé.

Le président de la Généralité de la catalogne LLuis Companys, réfugié en France, fut renvoyé en Espagne où il fut fusillé. Le président Azaña en exil finit ses jours en France.

Dans leur village de Caldetas, les républicains et franquistes se côtoyaient avec toutes les rancœurs enfouies, toute cette colère impuissante. La boulangère ne pouvait cependant oublier que c'était son voisin d'en face qui avait envoyé son fils en prison où il était mort. Toutes les histoires sordides se savaient, tous les travers humains étaient représentés. Des dénonciations, des trahisons et des règlements de compte avaient eu lieu, laissant toute une population amère et aigrie, détruite.

Lorsque José s'arrêta de parler, un silence lourd s'installa, un silence empli d'émotions et de sidération.

Sa mère tenta alors de poser la question, dont elle connaissait pourtant la réponse.

- Reste, tu ne veux pas rester ?

- Non je ne peux pas, j'ai promis….

José avait donné sa parole et ne pouvait trahir son ami qui n'avait pas hésité à lui donner sa confiance, au prix de sa vie.

La mère aurait pu être fière des valeurs qu'elle avait transmises à son fils, mais dans d'autres circonstances. Aujourd'hui elle aurait préféré qu'il ne tienne pas sa parole et qu'il reste avec elle. Que lui apportait cette qualité qui le renvoyait en enfer ?

Les au revoir furent graves, déchirants. La mère serrait si fort son fils dans ses bras qu'elle n'arrivait pas à le relâcher.

Au prix d'un effort surhumain, José repartit le soir même, la mort dans l'âme.

Mercedes rêvait de vivre à Paris.

Mais chaque fois qu'elle en parlait à LLuis, il en était HORS DE QUESTION.

Il lui répondait invariablement :

- qu'est-ce que tu veux aller faire à Paris avec tous les enfants ? Il n'y a pas mieux que Poitiers.

Il s'était intégré en France et il aimait Poitiers comme sa ville natale.

- On est chez soi, là où on décide de l'être.

La France correspondait exactement à ce qu'il s'était imaginé. Il aimait ce pays qui représentait les idées républicaines pour lesquelles il s'était battu.

Mercedes pensait qu'il avait peut-être besoin de stabilité parce que dans son enfance, il avait été trimballé de village en village, pour suivre son père chauffeur de taxi qui déménageait tous les ans, si bien que pas un de ses treize enfants n'était né dans le même village.

LLuis avait commencé à se faire des connaissances au travail, à l'école. Il avait ses repères et la reconnaissance attendue.

LLuis et Mercedes venaient d'obtenir le statut de réfugiés politiques.

Lorsqu'ils s'étaient rendus à la préfecture pour faire renouveler leur carte de résident, tous les trois mois depuis qu'ils étaient arrivés en France, ils avaient été agréablement surpris et soulagés de découvrir une nouvelle carte valable dix ans sur laquelle était écrit « résident privilégié ».

Ils allaient enfin pouvoir envisager l'avenir sur le long terme et sereinement.

Puis 1946 arriva et Mercedes mit au monde dans la douleur son quatrième enfant Jacques. Elle était fatiguée et anémiée. Elle se promit comme à chaque fois qu'il serait le dernier.

Sa sœur Maria venait d'avoir une fille.

C'était la fin de la guerre et la pénurie de logements se faisait sentir. Les gens s'inscrivaient sur une longue liste d'attente à la mairie de Poitiers.

Un jour, un homme entra chez eux sans frapper et monta directement au premier étage.

LLuis s'approcha :

- Qu'est-ce que vous voulez, Monsieur ?

- Je viens visiter mon appartement.

- Votre appartement ?

- Oui je viens de la mairie. On m'a dit qu'il était à louer.

- Il n'est pas à louer puisque moi j'y habite.

Mercedes et LLuis risquaient l'expulsion, car ils n'avaient pas le droit d'occuper un logement sans s'être inscrits au préalable sur la liste de la mairie, et pour cause, les étrangers, n'y avaient pas été autorisés.

C'est la propriétaire de la maison, une femme charmante disait Mercedes, qui leur avait loué directement (sans passer par la mairie) les pièces qu'ils occupaient. La propriétaire n'avait jamais eu à se plaindre de ses locataires qui payaient leur loyer en temps et en heure.

Devant cette menace d'expulsion, LLuis fit appel à un avocat très connu à Poitiers des Espagnols pour avoir souvent plaidé leur cause. Il s'agissait du même avocat qui avait aidé Mercedes à réunir les papiers nécessaires à son mariage, et qui avait défendu entre autres, des réfugiés espagnols contre leur patron qui refusait de leur verser leurs trois mois de salaire.

L'avocat se déplaça chez eux. Cet homme qui avait adopté la cause des républicains espagnols se montra charmant. Il salua Mercedes et LLuis en quittant son chapeau, puis comme LLuis l'invitait à s'asseoir, il prit place autour de la table de la cuisine.

Il entama d'abord une discussion politique avec LLuis dans laquelle il ne pouvait s'empêcher d'afficher ses idées catholiques.

- Moi je reconnais que je suis un adepte du pape. Alors pourquoi vous ne me dites pas que vous êtes un adepte de l'Union soviétique ?

- Parce que je ne suis pas de l'Union soviétique.

- Oh, ne me dites pas que de la façon dont vous parlez…

LLuis ne répondit pas. Et comme la politique n'était pas le sujet pour lequel il l'avait fait venir, il dévia la conversation sur l'histoire, la philosophie, le droit.

L'avocat l'écoutait avec intérêt et ne put cacher sa surprise de trouver en LLuis, qu'il savait ouvrier, des connaissances aussi étendues que diverses, des connaissances que bon nombre d'ouvriers et artisans réfugiés espagnols possédaient, une culture bien supérieure à celle qu'ils étaient censés avoir. Leurs responsabilités pendant la guerre civile en qualité de militants syndicalistes ou politiques, leur goût pour la culture et leurs activités en Espagne les avaient rendus autodidactes parce qu'ils savaient que la connaissance et la culture étaient le bras armé de leur lutte.

De fil en aiguille, l'avocat qui s'intéressait à leurs conditions de vie et aux problèmes qu'ils pouvaient rencontrer en France, leur posa des questions sur leurs moyens de subsistance.

C'est ainsi qu'il apprit que les vieux réfugiés ne percevaient rien de l'état français, alors qu'ils avaient droit à une petite retraite. Il fit le nécessaire pour que les parents de LLuis et Mercedes touchent un petit pécule qui fut le bienvenu.

Quelques mois plus tard, l'avocat gagna le procès et LLuis et Mercedes restèrent dans leur maison.

José, le fis aîné de Maria allait avoir deux ans. Son mari s'était rendu au Venezuela alors que Maria était enceinte de la petite dernière, parce qu'il pensait que la vie serait plus aisée là-bas. Il avait assuré à sa femme de la faire venir avec les enfants dès qu'il aurait gagné assez d'argent.

Aussi, il n'était pas là, lorsque le malheur se produisit.

Le petit José avait été transporté à l'hôpital en urgence devant sa jambe qui s'était soudainement mise à gonfler de manière exagérée et inquiétante.

Lorsque LLuis rentra du travail ce soir-là, il trouva la maison vide. Il pensa que Mercedes s'était rendue chez ses parents avec Luisa pour avoir des nouvelles du petit. Devant leur demeure, toute la famille était réunie. Il comprit à leur visage en pleurs, ravagés par la douleur, qu'il s'était passé quelque chose de grave.

Maria était effondrée.

Elle venait de perdre son deuxième enfant, son petit garçon de deux ans qui ne grandirait plus.

Le petit qu'elle avait choyé et dorloté parce qu'elle voulait qu'il soit heureux, le petit qu'elle avait gâté parce qu'elle voulait qu'il ne manque de rien n'était plus là. Elle lui avait chanté des berceuses le soir pour ne pas qu'il pleure. Et il était mort loin d'elle. Elle disait que le petit avait dû pleurer, elle disait qu'il n'avait pas dû comprendre ce qui lui arrivait et pourquoi sa mère n'était pas auprès de lui pour le consoler. Elle disait qu'elle avait voulu les meilleures choses pour lui qui devait grandir dans un pays libre. Elle pleurait qu'il ne grandirait plus, qu'il avait été fauché à l'ébauche de sa vie et qu'elle ne savait pas pourquoi. De quoi était-il mort ? Aurait-elle pu l'empêcher, elle sa mère dont le rôle est de le protéger ? Où avait-elle failli ? Elle avait besoin de savoir.

Mercedes ne savait pas quoi lui répondre. Elle ne trouvait pas les mots qui auraient pu atténuer son chagrin. Parce qu'il n'y en avait pas.

La mère était couchée auprès d'elle et berçait en silence sa fille comme un bébé.

LLuis et Angel se rendirent à l'hôpital pour rencontrer le médecin, il leur fallait une réponse pour Maria.

Mais l'homme en blouse blanche avait refusé de les recevoir et leur avait lâché de toute sa hauteur dans le couloir, sans prendre le temps de s'arrêter :

- Ça ne vous regarde pas. Je fais mon métier et c'est tout. Je n'ai rien à vous dire.

Et c'est, démunie, atterrée et abasourdie de douleur que la famille se cotisa pour payer les funérailles, le père de l'enfant n'envoyant que très peu d'argent à Maria du Venezuela.

Le petit fut enterré civilement au cimetière de la Madeleine.

En dépit de l'échec du Val d'Aran en 1944, toutes les tendances politiques de l'exil étaient persuadées que la défaite d'Hitler allait entraîner celle de Franco. La CNT proclama que l'heure de rentrer en Espagne approchait et lança au mois de mai suivant un appel à tous les antifascistes, les partis de gauche et les organisations ouvrières, à tous ceux qui combattent pour les droits de l'homme, pour se mobiliser et demander la rupture des relations diplomatiques et commerciales avec Franco.

En 1946, la France qui soutenait ouvertement les républicains espagnols adopta une stratégie internationale de condamnation et d'isolement de l'Espagne franquiste. En outre, elle accueillit les nombreux clandestins provenant de la péninsule puis décida de fermer la frontière franco-espagnole sous la pression de l'opinion après l'exécution en Espagne d'anti franquistes, pour la plupart anciens combattants de la résistance en France.

L'assemblée générale de l'ONU condamna le régime franquiste et recommanda à tous les membres des Nations unies de retirer leur ambassadeur.

Malgré la fermeture de la frontière, de nombreux clandestins continuèrent de passer en France, des prisonniers politiques en fuite, des déserteurs, des opposants au régime ou des proches parents de réfugiés déjà en France, mais aussi des gens qui cherchaient à fuir la misère, la terreur du régime et à vivre plus décemment ailleurs. Devant l'afflux abondant de ces nouveaux réfugiés, les autorités françaises décidèrent d'ouvrir un centre au Haras de Perpignan pour les accueillir.

Pourtant en 1948, la France revint sur sa position et un accord fut signé avec l'Espagne pour rouvrir la frontière. Le ministre argumenta que d'autres pays continuaient à commercer avec l'Espagne, et que la France se trouvait en position d'infériorité.

Le gouvernement franquiste ne cessait de se plaindre de l'activité politique des réfugiés espagnols en France et de la faveur dont ils semblaient bénéficier.

Une presse en espagnol importante circulait sur le territoire français. Les réfugiés tentaient de sauvegarder leur héritage historique, mais aussi continuaient de lutter contre le fascisme. Ce combat passait également par la culture et l'éducation qu'avait défendues la République et qu'il s'agissait aujourd'hui de préserver, de poursuivre et de faire connaître. Le politique et le culturel étaient liés. De nombreuses revues culturelles, littéraires, de poésie dans toutes les langues parlées dans la péninsule, en castillan, catalan, galicien et basque virent le jour. Beaucoup de militants étaient aussi poètes et se servaient de leur art pour exprimer leurs sentiments, leurs émotions et leur douleur. De nombreuses associations culturelles proposaient des conférences en histoire, physique, médecine dans le but d'apporter par la culture, l'épanouissement nécessaire à l'être humain.

Lorsque les relations diplomatiques entre la France et l'Espagne furent rétablies, le gouvernement franquiste exigea des sanctions à l'égard de la presse espagnole en France qui injuriait le chef de l'Etat espagnol, et qui circulait en Espagne, nuisant à la sécurité sur la péninsule.

Le ministre de l'Intérieur interdit plusieurs publications en espagnol, en ayant parfaitement conscience qu'il ne s'agissait pas d'un problème de sécurité, mais plutôt de l'impossibilité pour un régime fasciste d'admettre une expression libre et une critique même à l'extérieur de son territoire.

Douze années s'étaient écoulées depuis la fin de la guerre, des années que LLuis et Mercedes avaient consacrées à l'éducation de leurs enfants. Leur rêve de retour en Espagne était toujours aussi vivace, mais reculait au fur et à mesure que les années avançaient. Franco était toujours vivant.

La famille avait construit quatre maisons sur un même terrain qu'ils appelaient le « château ». La première était occupée par LLuis et Mercedes, les deux autres par Pilar et Montserrat, la dernière par Georges, un frère de LLuis.

LLuiset leur fils aîné avait 15 ans et recevait régulièrement ses camarades à la maison. Un jour, il vint accompagné de sa petite amie pour la présenter à ses parents.

Pour LLuis se fut un déclic. Il venait de comprendre que ses enfants étaient français et que leur vie à eux était en France. Ils avaient appris le français à l'école et s'étaient parfaitement intégrés. Ses enfants ne retourneraient plus en Espagne. Devant cette certitude, il décida de demander la naturalisation française. Il en parla à sa femme et se rendirent à la préfecture de la Vienne dès le lendemain.

L'homme derrière le guichet s'apprêtait à leur faire les papiers quand son regard s'arrêta sur le ventre arrondi et protubérant de Mercedes.

- Madame, il me semble que vous attendez un enfant. Il vaut mieux attendre que l'enfant soit né avant de faire les papiers, sinon ce petit ne sera pas sur la même liste que ses frères.

Mercedes avait 36 ans et attendait son neuvième enfant. En dix ans, elle avait eu deux garçons Georges et Albert, deux filles Dora et Nuria. Elle espérait que cet enfant serait enfin le dernier, elle se sentait tellement vieille et fatiguée. Elle avait passé neuf ans de sa vie enceinte et dix-huit ans à laver les couches à la main. Elle ne vivait que pour ses enfants et n'attendait qu'une seule chose, qu'ils soient grands pour commencer à s'occuper un peu d'elle-même.

En novembre 1957, Mercedes et LLuis étaient français et leurs neuf enfants également par filiation, Sylvain était sur la même liste que ses frères et sœurs.

LLuis était alors maçon dans l'entreprise Nadal que ses frères Georges et Manuel avaient créée.

Georges et Manuel se disputèrent sérieusement, et Manuel quitta la société. Comme Georges ne savait pas lire, LLuis s'occupa des démarches administratives et de la gestion de l'entreprise, tout en restant salarié de l'entreprise.

Quelque temps plus tard, il finit par s'associer avec Georges et prit les rênes de la société.

Retour au pays

En 1964, LLuis et Mercedes décidèrent de retourner en Espagne pour faire connaître leur pays d'origine à leurs neuf enfants.

LLuis était chef de la plus grosse entreprise en bâtiment de Poitiers qui comptait quatre-vingts salariés, avec laquelle il avait réalisé la plupart des constructions de Poitiers après la guerre. C'était une belle réussite d'intégration.

Ils vivaient plus que convenablement et c'est ainsi qu'ils prirent le train pour Caldetas après s'être procuré les papiers nécessaires et la certitude auprès du consulat en Espagne qu'ils ne rencontreraient aucun problème.

Cela faisait vingt-sept ans qu'ils étaient partis et Mercedes ressentit à cette pensée un peu d'appréhension. C'était une gamine de quinze ans qui avait quitté l'Espagne et c'est une femme de quarante-trois ans (une mère et une grand-mère de surcroit), qui revenait aujourd'hui avec ses enfants et sa petite fille que Merceditas venait de mettre au monde et qui portait le même prénom.

Mercedes se faisait une joie de revoir son village, mais appréhendait la rencontre avec les gens. Beaucoup étaient morts ou étaient partis, les autres avaient vieillis et elle, n'était plus la même.

Tout d'abord Mercedes ne reconnut plus son village dont le souvenir était resté intact dans sa mémoire.

Des immeubles sortaient de terre, défigurant le paysage, les routes avaient changé de tracés et les parcs avaient été rasés.

Non loin de la voie ferrée, une autoroute passait. Mercedes se rendit sur sa plage préférée. La forêt de pinède n'existait plus. Sa plage de deux cents mètres de large n'en faisait plus que cinquante. Elle chercha du regard le rocher qui avait abrité les rêves de son enfance, sur lequel elle avait épanché ses chagrins. Il avait disparu tout comme la sérénité que lui procurait le bleu de la mer lorsqu'il se fondait dans son regard. Un hôtel monstrueux avait envahi son petit havre de paix. Elle détourna le regard pour ne plus voir ce qu'elle vivait comme une véritable agression. Son petit village de pêcheurs était devenu une ville étrangère, une station balnéaire pour riches touristes.

Les parents de Mercedes, ses frères et ses sœurs qui étaient aussi du voyage en avaient profité pour tenter de retrouver le reste de leur famille à Fuentes del Ebro.

Lorsqu'ils étaient arrivés devant la maison de Lorenzo, ils avaient vu un vieil homme, assis sur une chaise en paille, à l'ombre, la cigarette au bec, et le regard fixe.

Ils s'étaient approchés. Le vieil homme devenu aveugle avait dit :

« C'est toi petite ? » à l'approche de Montse qu'il venait de reconnaître. Montse fondit en larmes, mais l'homme ne sembla pas s'attendrir et dit en se tournant vers Mercedes « c'est toi, la petite qui passait sa vie à la mer ? ».

Lorenzo n'était pas passé en France. Lorenzo était resté en Espagne. Que s'était-il passé à la frontière après que le père lui eut demandé d'arrêter de boire ? Après s'être éloigné imbibé d'alcool avec ses amis ? S'était-il endormi ivre mort ? Avait-il fait demi-tour ?

Le père de Mercedes ne posa pas la question. Il demeurait muet et écoutait avec respect ce que les autres voudraient bien lui dire du drame qu'ils avaient vécu.

« José est mort à Mauthausen dans le camp de concentration nazi où il fut déporté » dit Lorenzo d'une voix plate et atone.

La nouvelle était tombée à leur pied comme une bombe.

Une bombe à retardement qui leur déchirait les entrailles.

Ils se rendirent ensuite dans le village de LLuis en pleine montagne, Pratz de Lluçanes, que Mercedes ne connaissait pas. Ils s'éloignèrent du bord de la mer et empruntèrent la route étroite qui grimpait dans la montagne en serpentant dangereusement. Mercedes n'osait pas regarder dans le ravin, si proche où le lit d'un ruisseau à sec en cette période d'été attendait avec impatience la pluie trop rare. Avant chaque virage, LLuis qui conduisait avec assurance, klaxonnait pour signaler sa position au véhicule qui pourrait venir en face. La végétation était rare, désertique, des arbres secs et des buissons épineux recouvraient le versant de la montagne sur leur droite. Non loin, le versant noir et nu de la montagne voisine témoignait de l'incendie dont il avait été victime.

- Regarde ! La montagne a encore brûlé, disait LLuis. Elle brûle pratiquement chaque année.

Le regard de Mercedes fut attiré par une petite maison isolée, et moitié délabrée qui en disait long sur la pauvreté de ses occupants, avec à l'arrière, un homme qui labourait son champ avec un cheval et une charrue. Mercedes pensa que l'agriculture n'avait pas évolué, et que les gens vivaient comme à l'ancien temps.

Enfin, ils arrivèrent au village, un village que Mercedes trouva magnifique avec ses maisons blanches appendues à la roche de la montagne.

Les gens devant leur porte ou à leur fenêtre tournaient la tête sur le passage de cette voiture étrangère. En peu de temps, tout le village était au courant de leur arrivée. Les rues étaient si étroites que les femmes sur leur balcon de chaque côté pouvaient discuter en étendant leur linge. Sur la place, une magnifique fontaine égayait le village de son chant. Elle était ornementée d'une fresque carrelée couleur azur représentant la vierge comme d'ailleurs toutes les plaques des noms de rue aux consonances religieuses. Non loin, se trouvait une épicerie qui ne contenait pas grand-chose. Il sembla à Mercedes que le village était resté figé dans le temps pendant toutes ses années.

Un homme passait avec un haut-parleur dans la rue pour aviser la population des dernières nouvelles et des animations qui auraient lieu pendant la fin de semaine.

La politique de Franco n'avait rien fait pour améliorer l'agriculture qui se trouvait toujours dans une position arriérée et pauvre. Il n'avait pas mis en œuvre les moyens d'irrigation qui auraient permis à ces terres pourtant pauvres, caillouteuses et arides, mais qui bénéficiaient d'un climat exceptionnel de faire pousser toutes les denrées les plus importantes du monde et devenir un pays de production agricole de premier plan.

La voiture s'arrêta soudain devant la maison des amis que LLuis avait hâte de revoir.

Ils posèrent les pieds sur le sol.

- Rien n'a changé dit LLuis à voix basse comme pour lui-même.

LLuis sonna à la porte en tentant de cacher l'appréhension qu'il sentait monter en lui, au fur et à mesure que les secondes s'écoulaient, mais Mercedes le connaissait trop bien pour ne pas s'en apercevoir.

Derrière la porte, il y eut de l'agitation puis, plus rien.

Enfin, après de longues minutes qui leur parurent une éternité, celle-ci daigna enfin s'entrebâiller sur des personnes qu'il eut du mal à reconnaître, tant elles semblaient recroquevillées en elles-mêmes, barricadées derrière des remparts de méfiance.

Ils échangèrent quelques paroles superficielles sur le pas de la porte qui se referma sur le vide et la déception.

La guerre, les représailles avaient laissé des rancœurs et des craintes indélébiles que les gens s'efforçaient d'oublier, tout comme ils s'efforçaient d'oublier ceux qui comme LLuis et Mercedes leur rappelaient ces années désastreuses et dévastatrices.

Ils n'avaient pas ouvert la porte.

Eux, étaient restés et avaient dû vivre à genoux pendant tant d'années qu'il leur était impossible de se relever.

Ils ne voulaient plus en parler.

Post face

Yayou a de plus en plus de mal à respirer.

Un coup de fil de l'hôpital réveilla Mercedes de bonne heure ce matin du 3 août 2005.

- Il est temps d'apporter ses habits …

Mercedes les avait déjà préparés, elle les avait fait nettoyer au pressing quelques jours auparavant, parce que le costume qu'elle avait choisi pour lui avait une tâche.

C'est fini.

Lorsque Stéphane se rendit à l'hôpital, il traversa le long couloir blanc et aseptisé, en retenant chacun de ses pas pour ne pas faire de bruit, à chaque fois qu'il passait devant une porte ouverte sur une chambre où la vie s'écoulait au ralenti, jusqu'à ce qu'il arrive enfin à sa chambre.

Comme il a l'air grand !

C'était un grand homme.

Il se souvint alors de la fierté de son grand-père lors des fêtes de famille qui réunissaient ses neuf enfants, puis ses gendres et ses belles filles ; de ces réunions qui ont vu naître peu à peu ses vingt-deux petits-enfants qui à leur tour venaient accompagnés. Mercedes et LLuis accueillaient alors à bras ouverts ces nouveaux venus qui faisaient immédiatement partie de la famille, sans même les connaître, parce qu'ils étaient forcément « quelqu'un de bien ».

Alors, lorsque toute la famille était attablée, il contemplait sa descendance et passait en patriarche derrière chaque enfant, petits-enfants, arrière-petits-enfants, à qui il avait transmis ses valeurs républicaines et humanistes, le goût pour la culture, l'amour de la liberté et le sens de la lutte, en leur donnant une petite tape derrière l'épaule avec fierté.

Il avait peut-être perdu la guerre, mais il avait vécu debout, construit sa famille.

Il avait réussi sa vie.

Merci yayou d'avoir existé, merci de nous avoir aimés.

FIN

Remerciements

Je tiens à remercier :

Ma sœur Sabrina Cervantès qui m'a donné la confiance que je n'avais pas.

Mes trois fans et fidèles lectrices :

Mercedes Naslin, Mercedes et Maëva Baudin.

Dyna Kiev et Hans Rousselle pour leurs précieux avis.

Bibliographie :

La guerre d'Espagne, Hugh Thomas

La guerre d'Espagne et ses lendemains, Bartolomé Benassar,

Viva la República, mémoires d'un couple de républicains espagnols, Vicente Ortiz et Angeles Jorge Lopez

L'exil des républicains espagnols en France, Geneviève Dreyfus-Armand

Ayuntament de Caldetas, Jordi Maragall et Noble, Caldetas-Caldes d'Estrac

Les amandiers fleurissaient rouges, Christian Signol

L'Espagnol, Bernard Clavel

Les bombardements de Poitiers en 1944, Gérard Simmat et Bernard Guionnet

La vie des Français sous l'occupation, Henri Amouroux

Peatones de la historia del Baix Llobregat (testimonios y biografías)

Fille de rouge, Isabelle Alonso

Filmographie :

Mourir à Madrid de Frédéric Rossif

Documentaire le camp de la route de Limoges de Raphaël Pillosio

Documents internet :

- Un dimanche de la vie : la révolution espagnole 1936-1937,

- Les anarchistes : les collectivisations et réalisations en Espagne 1936-1937,

- site internet Espagne au cœur

Archives départementales de la Vienne :

- Journal le Front populaire de la vienne – article « les pouvoirs publics et les réfugiés espagnols » paru le 4 février 1939

- Circulaire du ministre de l'Intérieur à Messieurs les Préfets du 14 février 1939,

- Formulaire de rapatriement rédigé en espagnol du 28 mars 1939

- Lettre du général de division Sciart, commandant d'armes de Poitiers à M. le Maire de Poitiers, le 15 février 1939

Annexes

ANNEXE 1

ELS SEGADORS

La Catalogne triomphante

Retrouvera richesse et prospérité

C'en sera fini de ces gens

Si orgueilleux et arrogants

Un bon coup de faux

(Refrain)

Un bon coup de faux

Défenseurs de la terre

Un bon coup de faux

Faucheurs, l'heure est venue,

C’est le moment d’être vigilants

Pour que lorsque viendra un autre juin

Aiguisons bien les outils

(Refrain)

Que tremble l’ennemi

En voyant flotter notre étendard

Comme nous faisons tomber les épis d’or

Le temps venu nous ferons tomber nos chaînes

ANNEXE 2

ELS SEGADORS

Catalunya triomfant

Tornará a ser rica i plena

Endarrera aquesta gent

Tan ufana i tan superba

Bon cop de falç

Defensors de la terra

Bon cop de falç

Ara és hora segadors

Ara és hora d'estar alerta

Per quan vingui un altre juny

Esmolen ben bé les eine

Refrain

Que tremoli l'enemic,

En veient la nostra enenya
Com fem caure espigues d'or
Quan convé seguem cadenes

ANNEXE 3

Chanson des réfugiés Alé, Alé

Nous sommes les tristes réfugiés
Qui arrivons d'Espagne
Après avoir tant marché
Nous avons passé la frontière
A pied, par la route
Avec notre trousseau
Couvertures, sacs à dos et valises
Trois boites de conserve
Et un peu d'humour
C'est ce que nous avons pu sauver
Après avoir tant lutté
Contre l'invasion fasciste
Et dans le camp d'Argelès-sur-mer
Nous fûmes enfermés sans manger
Et penser qu'il y a trois ans

L'Espagne entière
Etait un pays heureux
Libre et ouvrier
La nourriture y était abondante
Sans parler de la boisson
Du tabac et du papier
Il y avait beaucoup de distractions
Pour apaiser les cœurs
Et des femmes à la pelle.
Aujourd'hui on ne peut même pas chier
sans que vienne un gardien
Ils nous traitent comme des condamnés
Et les soldats nous disent « alé, alé ».
Nous sommes entrés au mauvais moment
Nous ne savions que faire chaque jour
Tu sors une blague et à la fin tu l'as dans le cul
Alé, alé
Et si tu vas au bordel t'es foutu

Il ne te restera pas un sou

Deux cigarettes, mille pesetas

Ne te mets pas à jouer

Parce que cela tournera mal

Et si tu vas à la plage la nuit

Tu peux te faire assassiner

ANNEXE 4

JOURNAL LE FRONT POPULAIRE DE LA VIENNE – article « les pouvoirs publics et les réfugiés espagnols » paru le 4 février 1939

Mille réfugiés sont arrivés dimanche à Poitiers. Notre ville, qui, depuis le début du drame espagnol, a vu et soulagé bien des misères de nos malheureux frères d'Espagne, une fois encore a eu le spectacle lamentable d'un exode dont la tristesse dépasse toute expression : des mères desquelles s'accrochent des grappes d'enfants déguenillés et hâves, des hommes épuisés de souffrance. Sur le quai, des camarades des organisations de gauche tempèrent ce qui pouvait avoir de glacial, le déploiement de police et des autorités. Celles-ci furent alors bien heureuses que, pour la bonne marche du débarquement, des concours dévoués s'offrirent spontanément. Mais au refuge où l'on transporta les réfugiés, l'administration préfectorale non seulement s'opposa à ce que les camarades apportent le secours de leur présence et de leurs dons en nature, mais encore, l'accès du refuge fut interdit aux représentants de la République espagnole. Il fut un temps où les mesquineries administratives s'inclinaient devant le malheur et les dévouements que ceux-ci suscitaient. Bien des hommes en 1936 ne se reconnaissent plus en 1939… Et ils n'ont que mépris aujourd'hui pour la République sœur parce qu'elle est en difficulté. L'isolement moral où l'on tient nos réfugiés est absolument honteux. Leurs vrais amis, ceux qui depuis deux ans et demi n'ont qu'une pensée, diminuer leurs misères, qui sont sur la brèche tous les jours pour pallier à l'inertie administrative, sont justement ceux qu'on laisse à la porte. Et les mêmes qui aujourd'hui prouvent que ce n'est pas un vain slogan que de parler du « souffle républicain » seront les premiers, quand l'Espagne sera sauvée, à faire valoir leurs droits à la reconnaissance de ce gouvernement et à briguer félicitations, avancements, décorations…

ANNEXE 5

Appel en faveur des réfugiés espagnols hébergés à Poitiers

Les réfugiés espagnols arrivés à Poitiers le 29 janvier courant sont pour la plupart presque totalement démunis de vêtements ou chaussures. D'autres réfugiés sont annoncés et vont arriver incessamment.

L'administration préfectorale soucieuse de ménager le plus possible les intérêts de la collectivité, adresse un pressant appel à toutes les personnes qui seraient en mesure de mettre à sa disposition des vêtements, du linge, des chaussures, même très usagés, des appareils de chauffage, des objets mobiliers, des lits d'enfants dont il est encore possible de tirer parti.

Elle les remercie d'avance de la précieuse contribution qu'elles voudront bien apporter au soulagement de la grande misère des réfugiés.

Les dons pourront être remis ou adressés au Directeur du Centre des Réfugiés espagnols, 2 rue Jean Macé à Poitiers.

ANNEXE 6

CIRCULAIRE DU MINISTRE DE L'INTERIEUR A MESSIEURS LES PREFETS DU 14 FEVRIER 1939

Par ma circulaire confidentielle n° 40, du 10 février 1939 relative aux réfugiés espagnols récemment admis sur notre territoire, j'ai eu l'honneur d'attirer votre attention sur la surveillance qu'il importait d'exercer sur ces étrangers.

La présente instruction a pour objet de vous rappeler les directives que je vous ai données à ce sujet, à plusieurs reprises, et d'y apporter certaines précisions.

TITRE 1

MESURES SANITAIRES

Ma circulaire du 27 janvier 1939 a prescrit à MM. Les Préfets de départements du Sud et du Sud-est, les mesures sanitaires à prendre à l'égard de ces étrangers. Elles comportent, notamment, la visite médicale avec vaccination anti-variolique, le traitement des malades, l'isolement des personnes ayant été en contact avec les malades et en général, l'examen sanitaire périodique des intéressés.

Il vous appartiendra de vous assurer que tous les réfugiés venus dans votre département ont bien été vaccinés, et ne présentent, pour notre population, aucun danger de contamination.

TITRE II

RESIDENCE

Les réfugiés espagnols sont astreints à résider dans le département, l'arrondissement ou le canton qui leur aura été assigné.

Tout réfugié découvert en dehors des limites de la circonscription territoriale imposée, y sera reconduit sans délai.

En outre, s'il vous apparaissait que l'intéressé met une mauvaise volonté évidente à se conformer aux injections dont il a été l'objet, il conviendrait de me le signaler en vue de son expulsion et de son assujettissement aux dispositions de l'art. 25 du décret-loi du 12 novembre 1936 sur la résidence surveillée.

Il devrait en être ainsi, à fortiori, si le réfugié avait quitté le lieu assigné dans un but contraire à l'ordre public.

D'autre part, tout réfugié entré clandestinement en France, devra être dirigé sous réserve du paragraphe 'B » du Titre IV – s'il s'agit d'un homme valide, sur le département des Pyrénées orientales et mis à disposition du Préfet dûment avisé, en vue de son internement dans un des camps qui viennent d'y être aménagés.

Quant aux vieillards aux femmes et aux enfants, vous leur assignerez une résidence dans votre circonscription.

Ces dispositions s'appliquent à ceux des réfugiés espagnols, entrés après le 20 janvier 1938, qui viendraient à être découverts dans la Seine et la Seine et Oise, ces départements étant rigoureusement interdits à ces étrangers. Toutefois les vieillards, les femmes et les enfants seront confiés, en vue de leur hébergement, à M. le Préfet de Seine et Marne.

TITRE III

RAPATRIEMENTS

Je vous rappelle l'intérêt que j'attache au rapatriement très rapide de ces réfugiés et des instructions, qu'à cet effet je vous ai communiquées par ma circulaire du 10 février 1938.

Vous voudrez bien prendre toutes mesures utiles pour que cette évacuation ait lieu par départs collectifs à un rythme accéléré.

TITRE IV

TITRES DE SEJOUR

A. Règle générale

Les réfugiés provenant d'Espagne seront munis d'un « laissez-passer provisoire », mensuellement renouvelable pour un seul département, ou, même pour une localité déterminée.

Le modèle de ce document vous a été fourni par ma circulaire « B-24-10-7, n° 371 du 12 septembre 1938.

Cette pièce comporte l'état civil complet, le signalement et une empreinte digitale de l'intéressé.

B. Règles spéciales à certains réfugiés

Quand la situation personnelle de l'intéressé, ses antécédents, son honorabilité, ses répondants, ses liens de famille, vous paraîtront tels qu'il n'y aura pas d'inconvénient à lui permettre, s'il en fait la demande, de résider dans le département de son choix, un « récépissé et demande de carte d'identité » de « non travailleur » pourra, très exceptionnellement, lui être accordé et mention y sera faite du département dans lequel il est autorisé à y séjourner.

Je vous rappelle qu'aucun réfugié ne doit occuper un emploi, de quelque nature qu'il soit, sans justifier de l'autorisation régulière des Services de la Main-d'œuvre. Les intéressés ne doivent, également, se livrer à aucune activité d'ordre commercial ou industriel (cf circulaire 371, pages 3 et 4).

TITRE V

MESURES DE SURVEILLANCE

A. Identification et recensement de certaines catégories de réfugiés

Il en est, parmi ces étrangers, qui occupaient en Espagne, des fonctions officielles, soit auprès du Gouvernement, soit auprès des Armées ; d'autres se trouvaient à la tête d'organisations régionales, syndicalistes ou politiques.

Je vous serais très obligé de me faire parvenir, d'urgence, une liste de ces personnalités en résidence dans votre département en m'indiquant leur identité et leurs fonctions antérieures.

Vous voudrez bien me faire savoir si les intéressés font preuve d'activité sur notre territoire et, dans la mesure où des enquêtes discrètes vous le permettront, s'ils sont en rapport avec des organisations politiques ou syndicalistes françaises ou étrangères.

Enfin, vous me tiendrez informé, sans délai, des déplacements éventuels des intéressés.

B. Enlèvement des armes

Tous les réfugiés d'Espagne doivent faire l'objet d'une fouille méticuleuse en vue de découvrir les armes de toutes natures qui pourraient être dissimulées dans leurs vêtements ou leurs bagages ; cette vérification étant étendue aux femmes et aux enfants.

C. Trafic, troc, négoce

Il m'a été signalé que certains réfugiés cherchaient à négocier divers objets parfois même du bétail, dans des conditions pour le moins anormales.

Il convient de prendre toutes mesures utiles pour empêcher de telles opérations en provoquant, au besoin, l'intervention de la justice, si ces tractations vous paraissaient délictueuses.

D. Etat d'esprit, attitude

Vous voudrez bien vous faire tenir informé constamment de l'attitude et de l'état d'esprit des réfugiés, notamment lorsqu'il s'agit de groupements. Cette surveillance devra porter sur les sentiments manifestés par les intéressés à l'égard de notre pays, sur leurs relations avec des particuliers, Comités ou Associations diverses ; la nature de leurs ressources, s'ils prétendent en posséder.

Je vous signale que, d'après certaines informations parvenues à mes services, parmi ces réfugiés se trouveraient des groupes organisés ayant reçu pour mission de créer, en France, une agitation subversive et italophobe.

Ces agitateurs seraient recrutés de préférence parmi d'anciens miliciens s'étant rendus coupables d'actes de violence et qui auraient quitté l'Espagne pour échapper aux sanctions auxquelles ils sont exposés.

Il y aurait lieu de me signaler, d'urgence, avec vos propositions, toute manifestation, incident, ou faits de propagande intéressant notre situation politique intérieure, nos relations internationales, ou, encore l'ordre public et la sécurité nationale.

Vous voudrez bien m'accuser réception, sous le présent timbre, de ces instructions à la stricte observation desquelles, j'attache le plus grand prix.

Pour le Ministre de l'Intérieur

Le secrétaire général

Du Ministère de l'Intérieur

Jean BERTHOIN

ANNEXE 7

LETTRE DU GENERAL DE DIVISION SCIART, COMMANDANT D'ARMES DE POITIERS A M. LE MAIRE DE POITIERS, le 15 février 1939

Mon attention a été appelée sur la liberté à mon avis excessive avec laquelle de nombreuses femmes réfugiées espagnoles qu'héberge notre ville, sont autorisées à circuler du matin au soir.

En particulier dans l'après-midi, on les voit se promener sur la place d'Armes et dans les rues avoisinantes, stationner aux devantures des magasins, interpeller les promeneurs ; beaucoup sont visiblement en quête de bonnes fortunes.

J'ai le devoir de préserver autant que possible, les militaires de la garnison contre le péril vénérien qui peut résulter de ces facilités. Je vous demande donc en vue de protéger l'hygiène publique, de prendre un arrêté municipal comportant :

- l'interdiction aux réfugiés de franchir un périmètre défini au sud par la rue des trois rois, St Germain et l'hôtel Dieu, à l'est par la rue du jardin des plantes,

- l'interdiction aux mêmes de se trouver hors des locaux qu'ils habitent passé 17 H, heure à partir de laquelle les militaires ont l'autorisation de sortir individuellement des quartiers.

Si pour des raisons que j'ignore, il vous semblait impossible de prendre un tel arrêté, je vous serais obligé de m'en aviser, afin que je puisse en saisir l'autorité militaire dont je dépends.

ANNEXE 8 : Formulaire de rapatriement

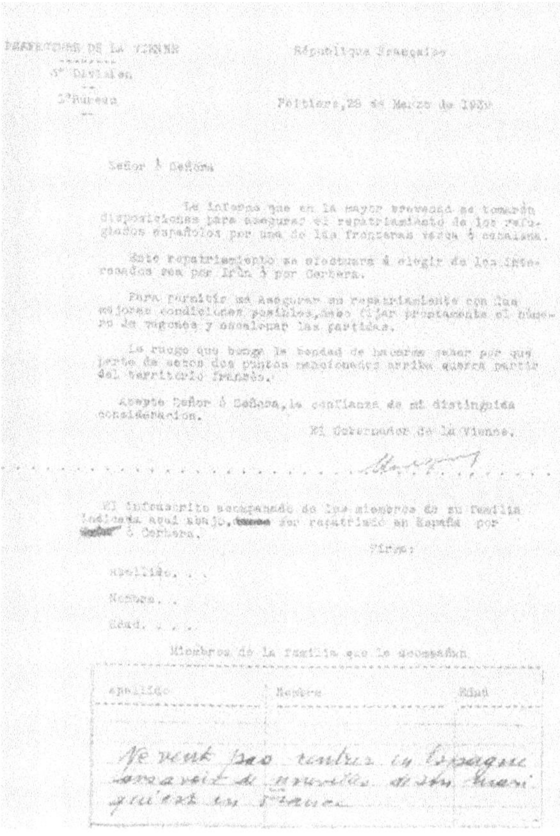

PREFECTURE DE LA VIENNE
3e Division
1er Bureau

République Française

Poitiers, 28 de Marzo de 1939

Señor ó Señora

Le informo que en la mayor brevedad se tomarán disposiciones para asegurar el repatriamiento de los refugiados españoles por una de las fronteras vasca ó catalana.

Este repatriamiento se efectuará á elegir de los interesados sea por Irún ó por Cerbera.

Para permitir me asegurar su repatriamiento con las mejores condiciones posibles, debo fijar prontamente el número de vagones y escalonar las partidas.

Le ruego que tenga la bondad de hacerme saber por que parte de estos dos puntos mencionados arriba quiere partir del territorio francés.

Acepte Señor ó Señora, la confianza de mi distinguida consideración.

El Gobernador de la Vienne.

. . . .

El infrascrito acompañado de los miembros de su familia indicada aquí abajo, [redacted] ser repatriado en España por [redacted] ó Cerbera.

Firma:

Apellido. . .

Nombre. .

Edad. . . .

Miembros de la familia que le acompañan

Apellido	Nombre	Edad
Ne veut pas rentrer en Espagne sans avoir de nouvelles de son mari qui est en France		

ANNEXE 9

CAHIER PHOTOS

Vue de Caldetas

Paseo ingleses

LLuis et Mercedes

LLuis et Mercedes sur le rocher à Argelès-sur-Mer.

De gauche à droite : Pilar, Mercedes, Luisa

Mercedes et Luisa

ISBN 9782322077878

Editeur BoD-Books on Demand

12/14 rond point des Champs Elysées, 75008 PARIS

FSC
www.fsc.org
MIXTE
Papier issu
de sources
responsables
Paper from
responsible sources
FSC® C105338

Impression : Books on Demand GmbH,
Norderstedt, Allemagne

Dépôt légal : juin 2016